O LÍDER SEM STATUS

ROBIN SHARMA

O LÍDER SEM STATUS

Uma fábula moderna sobre sucesso nos negócios e na vida

Tradução
Marcos Malvezzi Leal

4ª edição

Rio de Janeiro | 2024

TÍTULO ORIGINAL
The Leader Who Had No Title:
A Modern Fable on Real Success
in Business and in Life

TRADUÇÃO
Marcos Malvezzi Leal

CIP-BRASIL. CATALOGAÇÃO NA PUBLICAÇÃO
SINDICATO NACIONAL DOS EDITORES DE LIVROS, RJ

S541L Sharma, Robin S. (Robin Shilp), 1964-
4. ed.   O líder sem status : uma fábula moderna sobre sucesso nos negócios e na vida / Robin Sharma ; tradução Marcos Malvezzi Leal. - 4. ed. - Rio de Janeiro : BestSeller, 2024.

Tradução de: The leader who had no title
ISBN 978-65-5712-286-0

1. Liderança. 2. Sucesso nos negócios. 3. Motivação (Psicologia). I. Leal, Marcos Malvezzi. II. Título.

23-84778
CDD: 158.1
CDU: 159.923.2

Gabriela Faray Ferreira Lopes - Bibliotecária - CRB-7/6643

Texto revisado segundo o novo Acordo Ortográfico da Língua Portuguesa.

Copyright da tradução em português © 2023 by Editora Best Seller Ltda.

Copyright © 2010 by Sharma Leadership International, Inc.
All Rights Reserved.
Published by arrangement with the original publisher, Free Press, a Division of Simon & Schuster, Inc.

Todos os direitos reservados. Proibida a reprodução,
no todo ou em parte, sem autorização prévia por escrito da editora,
sejam quais forem os meios empregados.

Direitos exclusivos de publicação em língua portuguesa para o Brasil
adquiridos pela
Editora Best Seller Ltda.
Rua Argentina, 171, parte, São Cristóvão
Rio de Janeiro, RJ — 20921-380
que se reserva a propriedade literária desta tradução.

Impresso no Brasil

ISBN 978-65-5712-286-0

Seja um leitor preferencial Record.
Cadastre-se e receba informações sobre nossos
lançamentos e nossas promoções.

Atendimento e venda direta ao leitor:
sac@record.com.br

EDITORA AFILIADA

A você, leitor. Sua disposição para despertar o líder que existe em você me inspira. Seu comprometimento em trabalhar absolutamente da melhor forma possível me impulsiona. E sua prontidão em deixar todas as pessoas que conhece melhores do que quando as viu pela primeira vez me encoraja a dedicar mais de minha vida a ajudar as pessoas a ser Líderes Sem Status.

De maneira delicada, você pode abalar o mundo.
— *Mahatma Gandhi*

Sumário

Mensagem de Robin Sharma	11
1. Liderança e sucesso são direitos inatos	13
2. Meu encontro com um mentor em liderança	19
3. O triste preço da mediocridade e as recompensas espetaculares do domínio da liderança	43
4. A primeira conversa sobre liderança: Você não precisa de um cargo alto para ser líder	61
5. A segunda conversa sobre liderança: Períodos turbulentos formam grandes líderes	109
6. A terceira conversa sobre liderança: Quanto mais profundos forem seus relacionamentos, mais poderosa será sua liderança	155
7. A quarta conversa sobre liderança: Para ser um grande líder, seja primeiro uma grande pessoa	187
Conclusão	227
Canais de recursos para ajudá-lo a ser um Líder Sem Status	233
Precisamos da sua ajuda	235
Construa uma organização de Líderes Sem Status	237

Mensagem de Robin Sharma

O livro que agora você tem nas mãos é resultado de meus quase 15 anos de trabalho como consultor em liderança em muitas empresas listadas na *Fortune 500*, entre elas Microsoft, GE, Nike, FedEx e IBM, além de instituições como a Universidade de Yale, a Cruz Vermelha norte-americana e a Organização de Jovens Presidentes. Se você puser em prática o sistema de liderança que ensino neste livro, terá resultados magníficos no trabalho e ajudará sua organização a atingir um novo nível de inovação, desempenho e fidelidade dos clientes. Também vai perceber melhorias profundas em sua vida pessoal e na maneira como você se apresenta ao mundo.

Note que o método de liderança que vou lhe passar é apresentado por meio de uma história. O herói, Blake Davis; seu inesquecível mentor, Tommy Flinn; e os quatro extraordinários professores que transformam o modo como nosso herói vive e trabalha são todos personagens fictícios — produtos de minha imaginação superativa. No entanto, acredite, o sistema de liderança em si, bem como os princípios, as ferramentas e táticas nos quais se baseia, são perfeitamente reais e têm ajudado centenas de milhares de pessoas e muitas organizações de sucesso no mundo todo a vencer nos negócios e liderar o mercado.

Vítimas relatam problemas; líderes apresentam soluções. Espero sinceramente que *O Líder Sem Status* ofereça a você e à sua organização uma solução para virar o jogo e desenvolver de forma rápida e elegante todo o seu potencial nestes tempos altamente turbulentos e incertos.

ROBIN SHARMA

P.S.: Para apoiar e aprofundar sua transformação em liderança enquanto lê *O Líder Sem Status*, visite o site www.robinsharma.com. Nele você encontrará uma série de recursos de apoio, como podcasts, boletins, blogs, avaliações de liderança on-line e ferramentas para criar uma equipe excepcional.

1

Liderança e sucesso são direitos inatos

Ninguém alcança o sucesso além de suas expectativas mais ousadas a menos que comece com expectativas ousadas.
— *Ralph Charell*

A visão de um feito é a maior dádiva que um ser humano pode oferecer a outros.
— *Ayn Rand*

Cada um de nós nasce gênio. Infelizmente, a maioria morre na mediocridade. Espero que não fique chateado por eu revelar essa crença logo no começo de nosso breve período juntos, mas eu preciso ser honesto. Além disso, quero dizer que sou apenas um sujeito comum que teve a sorte de aprender uma série de segredos extraordinários que me ajudaram a ter sucesso nos negócios e me sentir profundamente realizado na vida. A boa notícia é que estou aqui para lhe contar tudo que descobri numa aventura muito impressionante. Assim, você também pode se impressionar e viver plenamente, começando hoje.

As poderosas lições que vou revelar aqui serão transmitidas de maneira suave, cuidadosa e com sincero encorajamento. Nosso percurso juntos será repleto de diversão, inspiração e entretenimento.

Os princípios e as ferramentas que você vai descobrir vão fazer, *automaticamente*, sua carreira decolar, sua felicidade aumentar e o que há de melhor em você se expressar por completo. Acima de tudo, prometo, serei honesto; devo isso a você.

Meu nome é Blake Davis e, embora eu tenha nascido em Milwaukee, moro em Nova York há muito tempo. E ainda amo este lugar. Os restaurantes, o ritmo, as pessoas e o cachorro-quente vendido na rua — incrível. Sim, eu adoro comida, é um dos maiores prazeres da vida, se você me perguntar, junto com um bom papo, meus esportes favoritos e bons livros. Enfim, não há outro lugar no planeta como a Big Apple. Não pretendo jamais deixar este lugar.

Deixe-me falar rapidamente um pouco do meu background antes de contar os acontecimentos bizarros, porém preciosos, que me tiraram de onde eu estava e me puseram onde eu sempre quis estar. Minha mãe foi a pessoa mais bondosa que já conheci. Meu pai, o sujeito mais determinado. Um pouco atrapalhados; não eram perfeitos. Entretanto, quem é? O mais importante é que davam sempre o melhor de si em tudo o que faziam. E, pelo que sei, o melhor de você é tudo o que você pode fazer. Uma vez que tenha agido assim, vá para casa e tenha uma boa noite de sono. Preocupar-se com coisas que escapam de seu controle é uma ótima receita para adoecer. E a maioria das coisas com que nos preocupamos nunca se concretiza, na realidade. Kurt Vonnegut falou disso muito bem quando comentou: "Os verdadeiros problemas de sua vida provavelmente são coisas que nunca lhe passaram por sua mente aflita; coisas que o pegaram desprevenido às quatro da tarde numa terça-feira de folga."

Meus pais me moldaram em vários sentidos. Eles não tinham muita coisa, mas de certa forma tinham tudo: a coragem de suas convicções, valores extraordinários e amor-próprio. Até hoje sinto

O LÍDER SEM STATUS

muito a falta deles, e não passo um único dia sem me lembrar de valorizá-los. Em meus momentos mais tranquilos, às vezes reflito sobre o fato de que geralmente não damos o devido valor àqueles que amamos. Até que um dia eles se vão. É quando, então, fazemos longas e silenciosas caminhadas e rezamos para ter uma segunda chance de tratá-los como eles deveriam ter sido tratados. Por favor, não deixe que esse tipo de arrependimento contamine sua vida. Acontece com frequência com muita gente. Se tiver a bênção de seus pais ainda estarem vivos, estime-os da forma como eles merecem. Faça isso hoje.

Eu fui um bom menino. "Um coração com duas pernas", era como meu avô me descrevia. Não fazia parte de minha índole magoar alguém ou destruir qualquer coisa. Eu ia bem na escola, era popular com as garotas e era bom no futebol no time da escola. Tudo mudou quando meus pais morreram. Perdi o chão, e também toda a autoconfiança. Não tinha mais foco. Minha vida ficou estagnada.

Com vinte e poucos anos, não parava em emprego algum; deixei a vida no piloto automático por algum tempo. Fiquei paralisado e não me importava com nada. Eu me drogava com muita televisão, comida demais e excesso de preocupação — tudo para evitar a dor de reconhecer que havia perdido meu potencial.

Naquela época o trabalho era apenas uma forma de pagar as contas, e não uma plataforma onde eu pudesse expressar o que eu tinha de melhor. Um emprego nada mais era que uma maneira árdua de passar o dia, em vez de uma oportunidade de crescer e me desenvolver. Estar empregado significava apenas ter com o que passar o tempo, e não uma excelente chance de projetar uma luz sobre outras pessoas e usar meus dias para construir uma organização melhor — e, com isso, um mundo melhor.

Por fim, resolvi me alistar no Exército. Parecia uma boa maneira de me sentir parte de alguma coisa e encontrar um pouco de ordem em meio ao caos. Fui parar na guerra do Iraque. E, embora o militarismo tenha trazido alguma organização à minha vida, trouxe também uma experiência que me assombra até hoje. Testemunhei, em batalhas sangrentas, o assassinato de amigos com os quais havia feito o treinamento básico. Vi soldados que não passavam de garotos serem brutalmente mutilados e tragicamente feridos. E percebi que qualquer resquício de entusiasmo que talvez ainda pudesse existir em mim se exauria por completo conforme eu afundava na amarga e desesperada consciência do que se tornara minha vida. Embora eu tivesse escapado fisicamente ileso da guerra, ainda assim era um guerreiro ferido. E carregava comigo, aonde quer que fosse, os fantasmas da batalha.

Um dia, de repente, chegou o momento de regressar. Foi tudo tão rápido que fiquei atordoado. Fui colocado em um avião de transporte, voltei para casa e, depois de um ou dois dias de exames médicos de rotina, fui dispensado. Agradeceram-me pelo serviço prestado à nação e me desejaram boa sorte. Numa ensolarada tarde de outono, quando já estava na rua, cheguei a uma conclusão assustadora: estava completamente sozinho de novo.

Minha maior dificuldade era tentar encontrar uma forma de reingressar em uma sociedade que havia se esquecido de mim. Eu não conseguia dormir na maioria das noites — minha mente me castigava com lembranças violentas das cenas de pesadelo que eu havia presenciado na guerra. Pela manhã, ficava deitado na cama por horas, tentando encontrar um pouco de energia para me levantar e começar o dia. O corpo todo doía. Eu vivia assustado, sem motivo algum, e mal podia me relacionar com outras pessoas além de meus colegas soldados. Coisas que antes eu adorava fazer me pareciam triviais e enfadonhas. Minha vida não tinha propósito nem significado. Às vezes, eu tinha vontade de morrer.

Talvez uma das melhores dádivas que meus pais me deixaram seja a paixão por aprender, principalmente por meio dos livros. Em um único livro podemos encontrar ideias que, se postas em prática, têm o poder de reescrever cada parte da nossa vida. Poucas coisas são tão sábias quanto investir em se tornar um melhor pensador e desenvolver uma mente poderosa. O aprendizado incessante é uma das principais características de uma pessoa franca e poderosa. E um obsessivo e contínuo autoaprendizado é uma das principais táticas de sobrevivência para enfrentar tempos turbulentos. As melhores pessoas parecem ser sempre as que têm as maiores bibliotecas.

Assim, comecei a trabalhar em uma livraria no SoHo. Contudo, por causa de minha atitude negativa e meu comportamento de total complacência, não estava me dando muito bem ali. Eu era repreendido pelo meu gerente com frequência, e tinha certeza de que seria demitido. Eu não tinha foco, não sabia trabalhar em equipe e meu desempenho estava abaixo da média. Só o que me salvava era meu amor pelos livros. Enquanto os administradores da livraria me desprezavam por causa de minha pouca ética profissional, os clientes pareciam gostar de mim. Por isso, permaneci no emprego, mas por um fio.

É aqui que a história começa a ficar boa de verdade. Certo dia, uma espécie de milagre aconteceu em minha vida. Quando eu menos esperava que alguma coisa boa acontecesse, ela veio me procurar; e mudou completamente o jogo. Um homem muito estranho me visitou na livraria, e as lições que me ensinou em nosso brevíssimo tempo juntos derrubaram as limitações que me cerceavam, me revelando um modo totalmente novo de trabalhar e de ser.

Na época em que escrevi este livro, aos 29 anos — com mais sucesso e alegria do que poderia imaginar —, passei a compreender que os maus momentos tornam as pessoas melhores. Em meio à dificuldade reside a oportunidade. E cada um de nós é feito para vencer — tanto no trabalho quanto na vida. Enfim, está na hora de compartilhar com você o que aconteceu comigo.

2

Meu encontro com um mentor
em liderança

Os dias vêm e vão como figuras ocultas e veladas, enviadas de
alguma amistosa e distante parte, mas não dizem coisa alguma.
E se não usarmos as dádivas que eles nos trazem, estas são
silenciosamente levadas de volta.
— Ralph Waldo Emerson

Era outra incrivelmente chata manhã de segunda-feira. Nossa equipe
tinha terminado o que chamávamos de "alinhamento da manhã
de segunda" — a reunião de começo de semana na qual os heróis
do serviço ao cliente eram reconhecidos e recebiam cumprimentos
indiferentes da equipe. A loja estava indo mal em termos de vendas,
e algumas pessoas na organização achavam que logo ela teria as atividades encerradas devido à reestruturação que estava acontecendo
na empresa. Era preciso cortar custos; os processos tinham de ser
aprimorados; e os lucros precisavam aumentar, e logo.

O objetivo da reunião era conscientizar a equipe toda a respeito
da missão e dos valores da empresa, bem como nos estimular para
a semana produtiva que começava. No fim de cada ano, cada loja
escolhia o melhor funcionário, que concorria ao prêmio de Melhor

Livreiro dos Estados Unidos, concedido pela companhia — além de um bônus generoso em dinheiro e uma semana em Aruba. Na realidade isso me desmotivava e me desencorajava, fazendo com que eu sentisse uma apatia ainda maior em relação ao modo como vivia meus dias de trabalho. E não era difícil para mim transmitir esse sentimento a qualquer colega que cruzasse meu caminho.

De repente, algo muito misterioso aconteceu. Enquanto eu tranquilamente tomava uma xícara de café, fazendo o possível para me esconder de qualquer trabalho importante atrás das mais altas prateleiras da seção de negócios, alguém tocou meu ombro. Virei-me rapidamente e fiquei espantado com o que vi.

Tratava-se de um homem de aparência extremamente excêntrica. As roupas eram uma bagunça total. Não combinavam, eram velhas e furadas. Ele usava um gasto colete xadrez e tinha as mangas da camisa arregaçadas, como se, apesar das vestimentas surradas, o estado de espírito estivesse voltado para os negócios. No bolso do colete dava para ver um lenço amarelo — cheio de pequenas estampas do Mickey. E no pescoço usava um colar de prata com iniciais simples gravadas em caligrafia moderna — LSS.

Olhei para os pés dele. Por incrível que pareça, os sapatos eram novos e reluzentes: mocassins Penny Loafer com uma moeda brilhante entremeada na gravata. Ele estava parado e em silêncio, percebendo meu desconforto a cada longo momento que se passava entre nós, sem se dar ao trabalho de falar (um dom raro neste mundo de muita fala e pouca ação).

O rosto do desconhecido era cheio de rugas, revelando um homem de idade avançada. Os dentes tinham ranhuras e eram visivelmente manchados. Cabelos desgrenhados se projetavam em direções opostas. Eram como o do formidável Albert Einstein, naquele famoso retrato em preto e branco em que ele mostra a língua.

Entretanto, o que mais me chamava atenção naquele personagem estranho na minha frente, naquela segunda-feira comum (exceto por ele), eram os olhos. Embora a aparência descuidada pudesse dar a impressão de se tratar de um morador de rua, ou talvez de alguém transtornado, o olhar era firme e os olhos, límpidos. Sei que parece estranho, mas, diante daquele olhar fascinante, eu não só me sentia seguro, mas também na presença de um ser humano muito poderoso.

— Olá, Blake — disse finalmente o misterioso senhor, com uma voz profunda, confiante, que me fez sentir ainda mais relaxado. — É um grande prazer conhecê-lo. Todos me falaram muito de você aqui na loja.

O sujeito sabia meu nome! Talvez eu devesse me preocupar. Afinal de contas, há alguns indivíduos muito esquisitos em Nova York, e a aparência daquele homem me confundia. Quem era ele? Como entrou na loja? Seria bom chamar a segurança? E como ele sabia meu nome?

— Relaxe, amigo — disse ele, estendendo a mão para tocar a minha. — Meu nome é Tommy Flinn. Acabei de ser transferido para esta loja, venho da filial do Upper East Side. Sei que não pareço ter vindo de uma loja daquela área, mas fui o funcionário do ano, no ano passado. É melhor você me tratar bem, talvez um dia eu venha a ser seu chefe.

— Você está de brincadeira... Trabalha para esta empresa? — desabafei.

— Sim, mas não se preocupe. Ser o seu gerente é o menor dos meus sonhos. Cargos não me interessam. Só o que me importa é dar o melhor de mim em meu trabalho. E não preciso ter nenhuma autoridade formal para isso. Espero que não se importe com o que vou lhe dizer, mas tenho sido o funcionário número um desta rede nos últimos cinco anos — disse, ostentando um sorriso de orgulho, enquanto esfregava o lenço com estampas do Mickey.

Aquele indivíduo estranho não devia estar em seu juízo perfeito. Mexi meus pés. Talvez devesse correr enquanto podia. Isso, porém, me faria parecer um idiota. Meus colegas já não tinham muito respeito por mim. E eu gostava demais do café que tomava logo cedo para deixar a xícara cheia. Além disso, tinha de admitir que o homem era incrivelmente interessante. Resolvi ficar.

Olhei em volta, procurando uma câmera escondida. Talvez meus colegas estivessem aprontando alguma aparição naquelas pegadinhas de TV, em que um infeliz cai de cabeça na armadilha. No entanto, não encontrei nada. Então resolvi entrar na brincadeira.

— Certo! — disse eu com a voz um tanto trêmula, embora, como soldado, tivesse vivido dramas muito maiores e suportado experiências muito mais extremas. — Olá, Tommy! É um prazer. Por que você foi transferido para esta filial? — perguntei, embora quisesse acrescentar "E não para um manicômio?". — Sabe que andam dizendo que o barco está afundando aqui, né?

— Bem, não foi uma transferência forçada, Blake. Eu pedi — disse ele, ainda completamente confiante e lúcido. — Eu quis ser transferido. Não estava crescendo na outra loja, e achei que podia fazer uma diferença maior aqui. Quanto mais desafiadoras as condições, mais maravilhosas as oportunidades, Blake. Por isso, quis vir para cá trabalhar com vocês — acrescentou, com mais um sorriso.

Eu não tinha ideia de aonde chegaríamos com aquela conversa. Quem era aquela pessoa? E as estampas do Mickey no lenço estavam começando a me incomodar — sem nenhum desrespeito pelo famoso ratinho.

— O nome Oscar lhe parece familiar, Blake?

Fiquei assustado. Perdi a respiração por um instante e meu coração começou a bater mais rápido. Minhas pernas começaram a tremer. Meu pai se chamava Oscar.

— Meu pai se chamava Oscar — respondi delicadamente, ficando um tanto emotivo ao sentir de volta a tristeza que havia enterrado em mim pela perda de meus pais. Os olhos de Tommy se suavizaram. Naquele momento eu senti que se tratava de um homem bondoso. Ele pôs a mão no meu ombro.

— Seu pai foi meu amigo em Milwaukee. Crescemos juntos, mas nunca mais nos vimos depois que ele se mudou para Nova York. Mantivemos contato por e-mail, trocando longas mensagens sobre o rumo que nossa vida tomava. Foi ele quem me incentivou a mudar para esta cidade quando tive dificuldade para encontrar emprego. A força de caráter dele fez com que eu me lembrasse da coragem que havia dentro de mim, da qual me esquecera. Sinto muito pelo que houve com seus pais, Blake. Eles eram boas pessoas. Enfim — continuou, agora olhando diretamente para mim —, Oscar me falava de você e de tudo que fazia. Sempre dizia que você tinha muito potencial e estava predestinado a coisas espetaculares. Ele acreditava mesmo em você, Blake. Mas sentia que precisava de alguém como fonte de inspiração, que lhe mostrasse como realizar o melhor de si. E, por algum motivo, achava que essa pessoa não seria ele.

Eu mal podia acreditar no que estava ouvindo. Era impressionante que aquele estranho fosse amigo do meu pai. Tudo parecia surreal. Sentei-me num banquinho e me encostei numa pilha de livros.

— Não se preocupe, Blake. Perder-se faz parte do processo de descoberta do caminho que devemos seguir. Às vezes precisamos sair dos trilhos antes de desenvolver o discernimento para seguir por eles. Tudo pelo que você passou, de sua perda pessoal até a missão no Iraque, se tratou de uma preparação.

— Preparação? — perguntei, ainda com a mente entorpecida.

— Com certeza. Se não tivesse passado por tudo isso, não haveria outra maneira de ouvir o que tenho a lhe ensinar. A vida teve que derrubá-lo para que você pudesse se reerguer. E espere só até ver o progresso que você vai ter. Quando menos esperar, será a estrela desta rede de livrarias — disse Tommy em voz alta, carregada de entusiasmo.

— Estrela? — questionei.

Tommy imediatamente levantou um dos punhos e começou a rebolar, no estilo Mick Jagger. E era uma cena nada bonita.

— Sim, uma estrela do rock — repetiu, rindo.

— Cara, eu tenho dificuldade só em ter que passar o dia. Olhe, eu sei que você está tentando me ajudar, e me espanta o fato de ter conhecido meu pai. Mas você não faz ideia das coisas pelas quais passei. Quando menos espero, flashes da guerra me vêm à mente. Mal consigo dormir à noite, por isso fico cansado a maior parte do tempo. E, embora eu esteja de volta agora, o relacionamento que tenho com minha namorada não chega nem perto do que era antes de partir. Meu objetivo, portanto, não é ser uma "estrela do rock" no trabalho, mas simplesmente sobreviver.

Tommy cruzou os braços e olhou-me profundamente nos olhos.

— Eu entendo você — disse, parecendo mais sério. — E respeito o que está me dizendo, Blake. Por favor, apenas esteja aberto para o que vim partilhar com você. Minha vida também estava de cabeça para baixo, mas teve uma reviravolta completa. Parece que um milagre aconteceu. E *garanto* que o mesmo acontecerá com você. Prometi a seu pai, anos atrás, que ajudaria o filho dele. Nunca senti que era a

O LÍDER SEM STATUS

hora certa de visitá-lo. De repente, por um golpe do destino, vi seu nome em um formulário que chegou para uma vaga nesta loja. Um dos privilégios de ganhar o prêmio Melhor Livreiro dos Estados Unidos, além do dinheiro e da viagem a Aruba, é a oportunidade de se sentar com a equipe de recrutamento e tomar vários cafés da manhã com a equipe executiva para trocar ideias sobre como construir uma empresa melhor. Percebi que era a minha chance de encontrá-lo e compartilhar com você uma filosofia de transformação para liderança nos negócios e sucesso na vida, que me foi ensinada vários anos atrás, quando eu também estava perdido em minha jornada pessoal e profissional. Imagine só se tornar tão bom no que faz aqui que as pessoas o aplaudirão de pé quando passar pela porta todas as manhãs, como fazem com o Coldplay, o U2 ou o Green Day! — exclamou Tommy, com o entusiasmo em ascensão.

Tive de rir diante de tal ideia. Talvez fosse bom ser a estrela daquela organização. E sem dúvida eu queria ter a chance de ganhar a viagem para Aruba, além do dinheiro.

Tommy continuou.

— E imagine não só alcançar um nível internacional em sua carreira, mas conseguir o melhor em termos de saúde, relacionamentos pessoais e felicidade. Posso lhe mostrar exatamente como alcançar *tudo* isso. E é muito mais fácil do que você imagina.

— Esse seu colar com as iniciais LSS tem algo a ver com o que quer me ensinar? — perguntei cheio de curiosidade.

— Muito bem — respondeu Tommy, de maneira educada e aplaudindo. — Vai ser mais fácil do que eu pensei. Sim, LSS é o coração do método que você vai descobrir. Trata-se de uma forma de trabalhar, e viver, profundamente simples e, no entanto, simplesmente profunda. No dia em que me foi ensinada por quatro professores especiais, algo significante em meu interior mudou. E um poder natural despertou dentro de mim. *Nunca* mais fui o mesmo. Sei quanto isso pode parecer estranho e inacreditável, Blake. Mas foi exatamente o que aconteceu. Vi minha carreira e minha vida pessoal através de lentes novas. Na verdade, quase imediatamente após esse processo me ser revelado, comecei a enxergar o mundo inteiro com novos olhos. E resultados surpreendentes começaram a aparecer.

Fiquei intrigado. Cético, sim, mas igualmente fascinado. Meu instinto me dizia que ele não estava mentindo, por mais bizarra que a cena toda me parecesse.

— Essa filosofia que você descobriu é tão poderosa assim? — perguntei.

— É — respondeu Tommy de maneira simples, enquanto distraidamente esfregava a sigla LSS no colar. — Realmente é... — acrescentou, com a voz se desvanecendo. Em seguida, brincou um pouco com os cabelos e fez uma pausa. A livraria estava começando a ficar cheia e meu café esfriara. Por alguns instantes me distraí.

Decidi, então, bancar o advogado do diabo.

— Tommy, espero que não se importe com o que vou dizer, mas se esse negócio de LSS é tão especial, por que você ainda está trabalhando na livraria? Não poderia se aposentar? E, desculpe-me pelo comentário, mas nem o promoveram a gerente quando o transferiram para cá. Você está na mesma posição que eu. Seus ensinamentos parecem não tê-lo ajudado muito, cara — disse eu, um tanto sarcástico.

Observei com atenção as reações de Tommy. Achei que ficaria defensivo e talvez zangado, como a maioria das pessoas quando desafiadas. Tommy, porém, era pura elegância. Ficou quieto e impecavelmente imóvel. Por fim, respirou fundo e sorriu.

O LÍDER SEM STATUS

— Boa pergunta, Blake. Você é sincero. Gosto disso. Um pouco rude, mas posso ver que diz o que sente. Trata-se de uma boa qualidade. Em primeiro lugar, você está certo quanto à minha aposentadoria. Já passei da idade em que a maioria das pessoas se aposenta. Fiz 77 anos na semana passada.

— Parabéns, Tommy — interrompi-o, meio em tom de desculpa, lembrando-me do "coração com duas pernas", como meu avô se referia a mim, e me sentindo um pouco envergonhado por minha grosseria. Eu não devia ser tão duro com Tommy. Ele era mais velho que eu, e meus pais haviam me ensinado a tratar os mais velhos com respeito.

— Obrigado — respondeu ele. — Na verdade, eu me sinto bem jovem. A idade é de qualquer forma apenas um estado de espírito, um rótulo que a sociedade usa para classificar as pessoas e impor limites ao que são capazes de fazer. Prefiro não levar a vida de acordo com rótulos. Mas, é verdade, eu poderia ter me aposentado, e ainda trabalho para esta empresa. Estou aqui há mais de cinquenta anos.

— Nossa!

— A questão é a seguinte: por que eu sairia de um emprego de que gosto tanto? Estou no melhor momento da minha vida! E fazer um trabalho que prezo muito é uma das formas de permanecer jovem de espírito. Aqui posso ser criativo e instigar minha mente solucionando problemas. Tenho a chance de fazer novas amizades, sendo espantosamente bom com nossos clientes todos os dias. E tenho a oportunidade de inspirar meus colegas de equipe com meu exemplo positivo. Além disso, me sinto tão feliz assim porque fazer um bom trabalho é uma das melhores táticas para crescer repleto de profunda alegria. Tudo isso me dá um senso de propósito — observou Tommy.

— Desculpe-me se fui um pouco rude — murmurei, ainda sentado no banquinho e olhando para o homem que, pelo que eu sentia, logo seria meu tão necessário mentor.

— Não se preocupe. Mas, por favor, deixe-me falar sobre o outro ponto que você mencionou, sobre eu não ser gerente aqui, pois trata-se de um aspecto central para a filosofia LSS. Não quero nem preciso ser gerente. Isso não me interessa.

— O que exatamente significa LSS, Tommy? — perguntei, cada vez menos ressabiado e mais fascinado.

— Antes de mais nada, não se trata de mágica. É um modo muito real e enormemente prático de fazer negócios e viver a vida. Você sabe que nosso mundo está passando por mudanças profundas. Estamos numa época de extraordinária incerteza e turbulência excepcional. O que antes funcionava não funciona mais.

— Concordo com você. Cada dia enfrentamos todo tipo de novos desafios e um alto nível de confusão. Esta organização parece estar passando por tanta coisa... Meus clientes me dizem que a vida se tornou complexa demais para eles. Todas as pessoas que encontro parecem estressadas com todas essas mudanças. Então, qual é a solução, Tommy?

— *Liderança.* — Foi a resposta de uma palavra que ele me deu. E acrescentou:

— Só há uma maneira de uma empresa vencer no novo mundo em que vivemos, Blake. Qualquer outra solução não funciona mais.

— E qual é essa única maneira, para que eu possa entender direito?

— Deixar que o talento para a liderança de *cada pessoa* dentro da organização cresça e se desenvolva mais rápido aqui que na concorrência. O único modo de evitar ser devorada é a empresa fortalecer a capacidade dos funcionários em *todos* os níveis, para que sejam líderes em *tudo* o que fizerem. Isso desde o porteiro até o presidente,

O LÍDER SEM STATUS

mostrando liderança e assumindo responsabilidade pelo sucesso da companhia. E, a propósito, essa ideia se aplica a qualquer organização, não só as com fins lucrativos. As organizações sem fins lucrativos precisam formar líderes em todos os níveis. As associações da indústria também. Os governos e as ONGs precisam formar líderes em todos os níveis. Digo o mesmo para as cidades e comunidades. Até escolas e universidades precisam adotar a ideia de que cada um de nós tem o poder de se mostrar líder no que faz, se levarem a sério a questão da sobrevivência e da prosperidade nestes tempos de mudanças enlouquecedoras.

— Nunca pensei em liderança nesse sentido, Tommy. Sempre achei que os líderes eram apenas aqueles indivíduos que administravam uma organização, fossem eles militares, fossem empresários — admiti.

— *Todos nós* precisamos começar a demonstrar liderança, Blake, independentemente de cargos e títulos. Não serve mais como desculpa dizer que não faz parte do alto escalão, por isso não precisa se responsabilizar pelos resultados da organização. Para ser bem-sucedida, toda pessoa deve se ver como parte da equipe de liderança. Ninguém precisa mais de autoridade formal para liderar. Basta o desejo de se envolver e se comprometer em fazer uma diferença positiva. Madre Teresa definiu isso muito bem: "Se cada um varresse a frente de casa, o mundo inteiro estaria limpo."

— Então, para que cada um de nós mostre liderança, é preciso começar sendo verdadeiramente excelentes na posição em que ocupamos. É isso que você está dizendo?

— Exatamente! — Tommy caminhou no corredor e subiu num banquinho. Fechou os olhos e começou a cantarolar. O sujeito era hilariante. Estranho, mas hilariante.

29

— O que está fazendo, Tommy? — perguntei, mal podendo crer no que eu estava vendo. Alguns clientes olharam sorridentes. Um garotinho segurando um exemplar de *George, o Curioso* apontava e ria.

— O que aconteceria com o som de uma sinfonia se cada um dos músicos fosse desafinado e menos que excelente em sua arte?

— Entendo. A música sairia horrível e tudo viraria uma bagunça — respondi afirmando o óbvio, mas compreendendo a demonstração visual de meu mentor.

Tommy continuou de pé no banquinho. Em seguida, passou a brincar de ator, declamando:

— Sê fiel a teu próprio eu, e assim como a noite segue o dia, não poderás ser falso com homem algum — enquanto modulava a voz como um grande ator dramático e usando uma linguagem que presumi ser de Shakespeare.

— E o que é isso agora? — perguntei, balançando a cabeça de um lado para outro, em sinal de deboche, com os braços cruzados.

— No teatro, dizem que "nenhum papel é menor". O mesmo se aplica aos negócios, Blake. É como a metáfora da sinfonia. O único modo de uma organização, e um ser humano, nesse caso, vencer nestes tempos de mudanças revolucionárias será começar a agir sob um novo modelo revolucionário de liderança. E esse modelo implica criar um ambiente e uma cultura em que todos precisam demonstrar liderança. Todos precisam impulsionar a inovação, precisam inspirar os colegas de equipe. Todos precisam adotar a mudança e assumir responsabilidade pelos resultados. Além disso, precisam ser positivos e dedicados a expressar o que há de melhor neles. E quando fizerem isso, a organização não apenas se adaptará belamente às condições da mudança, como também será líder em sua área.

— Então o que você está dizendo é que não precisamos mais ter títulos e cargos nesta empresa? Não estou certo se o CEO adoraria essa nova e revolucionária filosofia de liderança que está me passando, Tommy — disse eu com sinceridade, enquanto tomava mais um gole de meu café frio.

— Não. Eu quero ser *extremamente* objetivo nesse ponto. Não estou dizendo que uma organização não deve ter cargos. Na verdade, deve, sim. Precisamos do pessoal da equipe executiva para estabelecer a visão, conduzir o barco e assumir a *responsabilidade final* pelos resultados. Cargos e estruturas mantêm a ordem e permitem que tudo corra bem. O que quero dizer é que, para uma organização prosperar em meio à turbulência no mundo dos negócios de hoje, cada um deve assumir responsabilidade pessoal em se tornar presidente de sua função e líder em sua posição atual. Todos nós precisamos liderar onde estamos estabelecidos e brilhar no lugar em que nos encontramos. Todo cargo é importante. E o impressionante resultado de se revelar líder em sua atual área de influência é que, quanto mais o fizer, mais sua área se expandirá. Essa é a grande ideia disso tudo, Blake. E independentemente de ter ou não título formal, você tem total controle sobre como se mostrará em sua atual função. A maior de todas as habilidades humanas é escolher como reagir ao ambiente em que vivemos. E quando cada um de nós optar pelo mais alto desempenho e liderança pessoal, lógico, a organização toda atingirá rapidamente nível internacional.

— Então o que significa LSS? — pressionei.

— Primeiramente, trata-se de uma filosofia de transformação para o trabalho e para a vida que *todas* as pessoas, de qualquer idade, região ou país, pode aplicar agora mesmo para liberar seu "líder interior" e experimentar resultados incríveis em *poucos minutos*. Todos nós temos um "líder interior" ansiando por liberdade. Todos temos um poder natural de liderar que nada tem a ver com cargos, idade ou com o lugar em que moramos. A representante de atendimento ao cliente de 28 anos que trabalha em uma multinacional em Los Angeles pode acessar seu líder interior usando o método que logo você aprenderá, e com isso entrar em uma realidade completamente nova em termos de resultados que espera alcançar e recompensas que espera ganhar. O executivo de 34 anos de San Francisco tem um líder dentro de si suplicando para ver a luz do sol, assim como o empresário de 42 anos de Salt Lake City. O estudante de 16 anos de Boston pode libertar o líder interior que o habita e, com isso, deixar correr uma torrente de excelência nos trabalhos escolares, nas atividades extracurriculares e na influência sobre os colegas.

— Começo a entender mais profundamente agora, Tommy. Qualquer pessoa, em qualquer lugar do mundo, eu acho, pode subir ao pódio e assumir responsabilidade por impulsionar mudanças, impor excelência e mostrar liderança. Um soldado que mora em Washington pode decidir fazer uma diferença positiva, assim como uma professora em Tóquio, um piloto no Peru, ou qualquer um em qualquer área ou estilo de vida. Cada um de nós tem esse reservatório interno de potencial para a liderança. Só precisamos nos conscientizar disso e assumi-lo. Se as pessoas em todas as organizações, de empresas a governos, comunidades a escolas, adotassem esse conceito, o mundo inteiro se transformaria.

— É mais ou menos isso o que estou tentando lhe dizer, meu amigo — comentou Tommy em tom encorajador. — E uma vez desperto seu líder interior, você deve exercitá-lo diariamente. Porque quanto mais usar esse poder, mais vai conhecê-lo e mais forte ele se tornará. E mais uma coisa, Blake...

— Diga, por favor.

— Não posso lhe dizer o que significa LSS — disse Tommy, de maneira maliciosa, aumentando ainda mais o mistério e esfregando a sigla no colar. — Apenas os quatro professores que me transmitiram a filosofia têm permissão de explicar o que significa LSS. E só fazem isso sob condições muito especiais.

— Por favor, me conte, Tommy — implorei.

— Não posso. Pelo menos por enquanto. Talvez eu receba a permissão deles em alguns dias. Ah! E voltando à sua pergunta sobre eu não ser gerente, saiba que me ofereceram o cargo muitas vezes nos últimos anos. Se quiser saber toda a história, eu já fui, na verdade, convidado para a vice-presidência mais vezes do que consigo me lembrar, Blake: carro da empresa, despesas pagas e um escritório enorme. Mas não é isso que me anima agora. E essa não é a *verdadeira* liderança. Liderar não tem nada a ver com o que se ganha ou com o lugar onde se senta. Liderar tem muito mais a ver com a maneira brilhante como você trabalha e a destreza de seu comportamento. Como sugeri, tudo se resume em realizar um ótimo trabalho, no lugar em que se está *agora*, e em elevar cada uma das pessoas com as quais você trabalha e serve. LSS envolve um segredo profundamente fundamental, porém há muito esquecido: você não precisa de um cargo alto para ser líder.

— É um ótimo conceito — afirmei.

— Hoje em dia, as pessoas no mundo dos negócios entendem a liderança de maneira equivocada. Fazem *muita* confusão com o conceito. Pensam de fato que só se aplica a executivos que administram a organização.

— Ou que governam um país.

— Exato. E isso não é verdade, Blake. Vou repetir isto porque é muito importante: *todas* as pessoas podem liderar. Na verdade, para construir uma organização verdadeiramente excelente, cada indivíduo que trabalha nela deve liderar.

Tommy fez uma pausa e mexeu nos cabelos mais uma vez, refletindo por um instante sobre as palavras que havia dito. Então prosseguiu energicamente, agora fora do banquinho.

— Assim, por todos esses anos, tenho deixado meu ego do lado de fora todas as manhãs quando entro na livraria, ocupando-me muito mais em realizar um trabalho fantástico, apoiar meus colegas e mostrar a verdadeira liderança do que em exibir um cargo pomposo em um cartão de visita.

Eu estava impressionado. Tommy parecia ser um homem íntegro. Não tinha visto muitos como ele desde que deixara o serviço militar e voltara à vida civil. Estava muito feliz por tê-lo conhecido. De repente, não resisti a fazer mais uma pergunta.

— Você tem um cartão de visita? Não me deu nenhum — disse, meio decepcionado.

— Sim, aqui está — respondeu, enfiando a mão no bolso e tirando um, para a minha inspeção. Em letras douradas, estava escrito:

Bright Mind Books Inc.
5555 Fifth Avenue
Nova York, Nova York

TOMMY FLINN
Ser Humano

— Seu cargo é "ser humano"! — exclamei. — Isso é demais! Adorei.

— Como eu lhe disse, Blake, você não precisa de um cargo alto para ser líder. Só precisa ser humano. Isso é o suficiente. Porque cada ser humano hoje em dia tem poderes não reconhecidos e um potencial adormecido muito superiores ao poder conferido por um cargo. Quando aprender a despertar e então aplicar esses poderes, todo elemento de sua vida vai explodir em sucesso. A liderança vai se tornar *automática*, o padrão pelo qual trabalha e opera. Você não vai reconhecer nenhum outro modo de ser.

— Gostei muito de tudo que ouvi. Na verdade, eu me sinto muito otimista ao ouvi-lo, Tommy — disse com sinceridade. — Quero alcançar todo esse sucesso de que você está falando, e logo.

— E foi exatamente isso o que me aconteceu depois do dia em que conheci os quatro professores que mencionei. Eles me revelaram a filosofia LSS, e eu nunca mais fui o mesmo. Entendi realmente o que é a verdadeira liderança. Títulos e cargos não me importavam mais. Eu não ligava mais para ter um grande escritório, assim como para um salário altíssimo. Tudo passou a se resumir em realizar o melhor de mim, a cada dia de trabalho. E prestar uma excelente contribuição em cada ponto importante de minha vida. E, ironicamente, enquanto minhas ações iam se tornando conhecidas, os executivos seniores começaram a iluminar o caminho para mim. Ofereciam-me cargos, insistiam para que eu aceitasse um escritório maior. Queriam me pagar mais do que a qualquer outro livreiro na organização.

— Que ironia! Quanto menos você se importava com as coisas que a maioria das pessoas quer, mais elas lhe eram ofertadas — refleti, falando com aquele homem de brilho nos olhos e um lenço com imagens do Mickey.

— Era incrível — continuou, entusiasmado. — E você tem toda a razão: era definitivamente contrário ao modo como a maioria das pessoas opera. Quanto menos eu me importava com as coisas que a maioria tanto valoriza e mais me concentrava em fazer um trabalho brilhante e refletir a real liderança em meu comportamento, mais todas aquelas coisas surgiam em minha vida, quase de maneira acidental. Realmente incrível como isso é verdade, agora que reflito sobre tudo — observou Tommy, coçando o queixo e refletindo profundamente.

— Então você recusou todo o dinheiro que lhe ofereciam? — Não pude resistir à pergunta.

— Que nada. Eu aceitei o dinheiro — riu.

Eu também ri. Estava começando a gostar daquele sujeito. Ele lembrava cada vez mais meu pai. E pude entender por que eram amigos.

— O que estou tentando afirmar, Blake, é que nunca tive um cargo importante nesta organização. Comecei de baixo. Muitas pessoas começam a trabalhar com a ideia de que quando tiverem um cargo mais importante e mais responsabilidade, *então* o desempenho será supremo e elas darão aquele passo maior em tudo o que fizerem. Mas até onde eu sei, o único lugar em que você primeiro tem a coisa boa e *depois* paga o preço é o restaurante. No trabalho, e na vida em geral, você precisa pagar o preço do sucesso antes de receber todas as merecidas recompensas. E a propósito, só porque ainda não recebeu os benefícios de seus atos positivos, não significa que eles não virão. Você sempre vai colher o que plantou. As galinhas sempre voltam para o poleiro. Você sempre tem o que merece. Mesmo os menores atos bons impulsionam uma consequência boa. Aliás, se você estudar a vida de qualquer grande personalidade nos negócios, e refiro-me ao melhor entre os melhores, ou qualquer pesquisador, artista ou cientista, verá que nenhum deles chegou aonde quis por dinheiro.

— É mesmo?

— Com certeza. Pense em Roosevelt ou Mandela, Edison ou Einstein. Não eram indivíduos movidos por dinheiro, mas pelo desafio, pela chance de fazer as coisas acontecerem, pelo desejo de realizar algo grandioso. Essa é a motivação que os torna figuras lendárias.

— Interessante — comentei.

— Olhe, sou o primeiro a dizer que dinheiro é importante para ter o melhor tipo de vida. Traz liberdade, diminui o estresse e permite que você cuide de quem ama.

— E serve para ajudar os outros — complementei. — Ouvi dizer que o melhor meio de ajudar os pobres é não se tornar pobre também.

— É verdade, Blake. Boa visão. Mas o dinheiro é realmente apenas um *subproduto* da realização de seu melhor potencial e de um TVE.

— O que é TVE?

— Trabalho Verdadeiramente Excepcional, meu amigo. Esses quatro professores geniais que você conhecerá antes do que imagina amam siglas. E eu entrei no jogo deles. Não sei bem por quê, só sei que o hábito é meio estranho.

— Um pouco, para ser franco, Tommy.

— Bem, não há nada de errado com um pouco de excentricidade. Muita gente usando a mesma coisa não é nada inspirador. Você não pode ser criativo, inovador e tudo o mais se tem medo de pensar, sentir e ser diferente. Seja original, Blake. Pense nisso. Jamais existirá uma cópia exata do Blake Davis que está à minha frente. Só há um de você no mundo todo agora, e será assim sempre. Ninguém mais pode ser um você tão bom quanto você mesmo.

— Uma maneira fascinante de ver as coisas. Acho que sou muito mais especial do que me permitia notar. Creio que ando muito desestimulado desde que voltei da guerra. Conhecer você, porém, fez com que eu me sentisse melhor. Obrigado. Gostaria que todos os soldados com quem servi pudessem conhecê-lo e aprender o que você está ensinando.

— Não se preocupe. Nós os ajudaremos. E, com sua assistência, passaremos essa mensagem a *todas* as pessoas do mundo que estejam prontas para alcançar o topo e ser líderes naquilo que fazem. Creio que as pessoas estão preparadas para ouvir essa filosofia. A vida é muito curta, e as pessoas estão despertando para a responsabilidade de se tornar o melhor que puderem e fazer diferença como nunca. Sabe que, em média, a vida tem apenas 960 meses?

— Ah, é? Não parece que vivemos muito quando pensamos dessa forma, Tommy.

— Não vivemos. Apenas 29 mil dias.

— Puxa! Novecentos e sessenta meses, ou 29 mil dias. Preciso me lembrar disso.

— Portanto, a hora de nos tornarmos verdadeiros líderes é agora. Seja como for, nunca tive um cargo importante e, conforme minha reputação se espalhava por toda a empresa, recusava todo e qualquer cargo que me era oferecido. Eu não preciso disso para fazer meu trabalho. Por causa de meu comportamento, ganhei mais elogios e respeito do que julgava merecer. Davam-me tarefas maravilhosas na loja. O alto escalão da empresa começou a ouvir minhas sugestões para melhorar as operações. Ganhei aquelas viagens a Aruba, com as quais todos sonham. E o dinheiro entrava em abundância. Você não precisa de um cargo alto para mostrar liderança, meu amigo. Não precisa mesmo — reforçou, convicto.

Ele fez outra pausa e olhou o relógio. Estranho, mas havia uma figura do Bob Esponja no visor. Não comentei. Aquele cara era mais que esquisito. Entretanto, como já disse, gostei dele. E ficou muito evidente que, por trás daquela estranha aparência e da filosofia inovadora que ele estava me revelando, havia um coração bondoso.

— Enfim, levo meu trabalho muito a sério, e já passamos tempo demais conversando durante o expediente, Blake. Não me sinto muito bem com isso. Sei que esta loja precisa de melhorias, mas devo lhe dizer que esta é uma organização muito especial, e você tem sorte de trabalhar aqui. Obrigado por seu tempo nesta manhã.

— Por nada, Tommy — respondi, um pouco surpreso pelo fim abrupto da conversa. — Eu é que deveria lhe agradecer por seu tempo. Aprendi muito.

— Não há de quê. E lembre-se, meu amigo, tudo tem a ver com LSS. Não só no trabalho, mas também na vida. E, como mencionei antes, você compreenderá o que estou dizendo bem antes do que imagina. Prepare-se para ser transformado. Você terá mais sucesso no trabalho e felicidade na vida pessoal do que jamais pôde imaginar em seus sonhos mais gloriosos. Você será a estrela do rock da empresa. Estou animado por você — disse ele, erguendo mais uma vez o punho e dando uma piscadela.

— Ei, eu também estou ficando animado por mim.

— Ah, há só um acordo que precisamos fazer antes de eu conduzi-lo por essa jornada especial de liderança, Blake. E se você não estiver disposto a fazer o que eu preciso que faça, então, embora tenha gostado muito de nossa conversa, não será possível apresentá-lo aos quatro professores.

— Que acordo é esse? — perguntei. Senti um pouco de medo de perder aquela que seria a maior oportunidade de transformar minha vida banal, mas também fiquei um tanto surpreso por Tommy impor tal obrigação.

— Não se preocupe. Não é uma exigência que será difícil demais para você. Na verdade, quando aprender a filosofia da liderança, acho que a cumprirá automaticamente.

— O que é? — perguntei.

— Prometa-me uma coisa simples.

— O quê?

— Compartilhar as ideias e o método dos quatro professores com o maior número possível de pessoas, Blake. A recompensa é que você será capaz de melhorar profundamente a vida de mais pessoas do que imaginava ser possível. A recompensa, para mim, é que renovarei meu acordo com os quatro professores.

— Eles fizeram você prometer a mesma coisa? — perguntei.

— Sim. E agora que já experimentei o poder formidável de suas lições, sei exatamente por que fizeram isso. São quatro dos mais naturalmente poderosos e radiantes indivíduos que já conheci. Sabem que a filosofia deles pode mudar a vida de qualquer pessoa e elevar radicalmente *organizações inteiras*. Na verdade, não tenho dúvida de que o que eles revelarão a você pode ajudar *nações inteiras* a realizar avanços esplêndidos. E então, como só querem ajudar as pessoas a realizar o melhor de si e tornar o mundo um lugar melhor, fizeram-me prometer que os ajudaria a divulgar suas boas palavras. E foi por isso que vim aqui hoje, Blake. E é isso que peço a você.

— Está certo, eu concordo. Falarei com o maior número possível de pessoas sobre essa filosofia especial. Se for assim tão brilhante como você diz, talvez eu até escreva um livro. Assim, cada um que o ler poderá também nos ajudar a transmitir a mensagem. Cada um de nós pode fazer sua parte para ajudar a aprimorar as pessoas, as empresas e as nações. Sim, Tommy, concordo com certeza.

— Perfeito. — Foi a resposta tranquila de Tommy.

E então ele se foi, me deixando sozinho com os livros e a mente cheia de pensamentos. E meu coração batendo forte como não batia havia anos. Comecei a me sentir vivo novamente. Começava a reconhecer a esperança de novo.

Isso, porém, foi naquela época, e agora estamos no presente. Meu primeiro encontro com Tommy Flinn foi há muito tempo. Ainda é

O LÍDER SEM STATUS

difícil de acreditar como o tempo passou depressa. Acho que a vida é assim: os dias viram semanas e as semanas se tornam meses, e tudo passa em um piscar de olhos. A boa notícia é que as promessas que Tommy me fez naquela manhã de segunda-feira na livraria se realizaram. Cada uma delas.

Quando aprendi a misteriosa filosofia sobre a qual ele falava, meu mundo se transformou radicalmente. Ao seguir as lições dos quatro notáveis professores a quem ele me apresentou, vivi resultados explosivos em minha carreira. Ao adotar as ideias que me mostraram, a felicidade e a paz interior que tanto me escapavam finalmente chegaram. E, como Tommy dissera, tudo aconteceu muito mais rápido do que eu imaginava.

Tenho orgulho em dizer que hoje sou um dos mais jovens vice-presidentes da história da Bright Mind Books. Viajo por todo o país visitando lojas, fechando acordos comerciais e desenvolvendo líderes em todos os níveis de nossa organização, que se expande com enorme rapidez. Somos extremamente rentáveis e altamente respeitados pela qualidade de nosso ambiente de trabalho, bem como pela excelência de nossos serviços. Adoro não só meu trabalho, mas também minha vida. Tenho uma saúde incrível, sou feliz no casamento com a mulher que foi minha namorada nos tempos da guerra e fui abençoado com dois maravilhosos filhos. Passei a encarar o tempo em que vivi na guerra como um precioso período de desenvolvimento pessoal que, no fim, me tornou uma pessoa mais forte, sábia e decente. E a carreira que antes eu julgava morta foi remodelada como uma espécie de obra de arte.

Este, contudo, é o ponto que realmente quero partilhar com você: não me tornei apenas bem-sucedido. Hoje em dia eu me sinto importante. Minha vida é *significativa*. Sinto que o mundo ainda se tornará um lugar um pouco melhor porque eu existo. E o que pode ser mais perfeito que isso?

Aquele encontro com Tommy numa manhã de segunda-feira me trouxe a este lugar. E, naquele dia importante, eu prometi a Tommy que dividiria os segredos aprendidos com todos que eu conhecesse. É, portanto, meu privilégio agora poder compartilhar com você todos esses segredos. Por favor, aperte o cinto de segurança. Vamos fazer uma viagem e tanto.

3

O triste preço da mediocridade e as recompensas espetaculares do domínio da liderança

> Só os medíocres se desvanecem em seu melhor momento.
> Os verdadeiros líderes estão sempre se aperfeiçoando —
> e elevando as expectativas com seu excelente desempenho
> e sua ação rápida.
> — *Jean Giraudoux*

Na manhã seguinte, após nos conhecermos na livraria, Tommy disse que precisaria de um único dia para revelar tudo o que eu devia saber.

— Escolha um bom dia, Blake — pediu de maneira sincera. — Você vai conhecer os quatro professores que me ensinaram as quatro lições centrais da filosofia LSS. Eles lhe dirão exatamente como alcançar todo o sucesso que deseja, explicando o que *realmente* é liderança. Não quero parecer um CD arranhado, mas liderança não é só para CEOs, generais e indivíduos que governam nações. Liderança é para todos. E neste período de assustadoras mudanças nos negócios e na sociedade, é a *mais importante* disciplina necessária para vencer.

— E para me tornar líder, basta ser uma pessoa, basta estar respirando, certo?

— Sim. Se você consegue respirar, consegue liderar — afirmou em um tom tão positivo que fez com que eu me sentisse ainda melhor comigo mesmo e com o futuro que me aguardava.

Então ali estava eu, alguns dias depois, deixando Nova York em uma manhã de sábado com nada além de uma xícara de café e um entusiasmo desenfreado que me mantinha acordado enquanto dirigia até onde Tommy queria se encontrar comigo. Ele insistira para que eu chegasse às cinco da manhã em ponto, balbuciando algo do tipo "É a melhor hora do dia". E então, para não decepcionar meu novo mentor, concordei.

Rock tocava em meu carro nas alturas enquanto eu passava entre os arranha-céus pelas ruas desertas da cidade, deixando Manhattan e seguindo pela rodovia que me levaria a meu destino. Minha empolgação aumentava. Não fazia ideia de como seria aquele dia. Depois, contudo, aprendi que lidar com a incerteza é um dom precioso. A maioria das pessoas morre de medo diante do desconhecido. Não deveríamos ser assim. O desconhecido nada mais é que o início de uma aventura e o crescimento vindo a nosso encontro.

"Pare no cemitério Rosemead", orientavam as instruções escritas de Tommy. "Você verá meu carro parado ao lado. Deixarei a seta ligada para ajudá-lo a achar mais rápido nosso ponto de encontro."

Quando faltavam mais ou menos dez minutos para as cinco da manhã, saí da estrada principal e peguei a pista de cascalho que, segundo o mapa, me conduziria até onde eu deveria ir. Pinheiros altos se estendiam em direção ao céu. Uma leve neblina subia do chão. À esquerda, avistei a clareira citada nas instruções. Eu não sabia por que nos encontraríamos em um cemitério, mas imaginei que Tommy quisesse me mostrar algum lugar próximo. O cemitério certamente era um ponto de referência — inesquecível — para nos conectarmos conforme começávamos juntos o dia.

Quando cheguei um pouco mais próximo do local onde deveria estacionar, presenciei uma cena incrível. Ali, ao lado da estradinha, estava o carro de Tommy. A seta estava ligada, como prometido. Estava desocupado, mas foi a marca do veículo o que me deixou tão espantado. Era um Porsche 911S novo, preto e reluzente! E a placa personalizada dizia apenas LDRSRUS. Balancei a cabeça e sorri. Aquele sujeito era mesmo de outro mundo. O estranho vendedor de livros, que rejeitava a noção de altos benefícios e escritórios grandiosos, preferindo um novo e revolucionário modelo de liderança para tempos revolucionários, tinha por acaso o carro dos meus sonhos.

Estacionei ao lado do Porsche e desliguei o carro. Tudo estava misteriosamente silencioso enquanto eu permanecia ali sentado, na estrada quase escura. Em uma colina na clareira, percebi uma figura solitária. Achei que fosse Tommy. A figura estava parada no cemitério.

Precisei de toda minha energia para caminhar pela pista até a colina coberta de grama, para além das cruzes que preenchiam o cemitério, e finalmente chegar a Tommy. Percebi que começara a sentir medo. Afinal de contas, ainda estava escuro, eu estava em um cemitério e, na verdade, não conhecia Tommy tão bem assim. No entanto, eu havia questionado outros vendedores da loja a respeito dele. E, sem dúvida, tudo o que ele me dissera era verdade, cada detalhe. Tommy era real.

Embora tivesse de fato 77 anos, ele era considerado o melhor funcionário da rede. Fizera realmente todas as viagens de luxo a Aruba e ganhara todos aqueles prêmios magníficos. Tinha um excelente salário e havia sido indicado para muitos postos do alto escalão. E todos os executivos da organização o tratavam com muito respeito e admiração. Mesmo assim, eu não podia deixar de sentir que encontrá-lo tão cedo no meio de um cemitério não era minha mais segura e pensada atitude. No entanto, algo dentro de mim me dizia para continuar. E foi o que eu fiz.

Enquanto me aproximava de onde estava Tommy, vi os primeiros raios de sol despontando no horizonte. Vi também a lua cheia se preparando para desaparecer graciosamente com a noite. Foi uma bela cena.

Continuei caminhando até me aproximar da figura. Percebi que realmente se tratava de Tommy, embora ele estivesse de costas para mim. Usava as mesmas roupas de quando nos encontramos pela primeira vez. E em frente a ele havia duas covas recém-cavadas. Fiquei chocado.

Meu primeiro pensamento foi sair correndo. Talvez ele fosse um maluco me atraindo para aquele lugar isolado com o propósito de me tornar mais uma de suas vítimas. Fiquei nervoso. Não conseguia racionar. Fiquei paralisado.

Tommy começou a se virar lentamente. Os cabelos estavam desgrenhados. Ele sorria. Logo relaxei. O sol já estava nascendo. Aquele seria um dia interessante.

— Bom dia, Blake — disse ele, com o costumeiro tom confiante. — Bem na hora! Estou impressionado, muito impressionado mesmo. Sei que é cedo, mas uma das coisas que aprendi sobre liderança é que os líderes são aqueles que *fazem*, mesmo que não gostem, o que os fracassados *não* estão dispostos a fazer. Têm disciplina para fazer o que sabem que é importante, e certo, e não só o que é fácil e divertido. Isso não quer dizer que os melhores líderes não podem se divertir. Com certeza podem. Na verdade, por causa da habilidade superior que possuem para alcançar o sucesso e gerar resultados positivos duradouros, acabam tendo muito mais alegria e prazer na vida que a maioria das pessoas um dia poderá alcançar. Poucas coisas trazem tanta felicidade quanto saber que uma pessoa está usando completamente o talento dela, realizando um trabalho brilhante e vivendo

O LÍDER SEM STATUS

lindamente a vida — disse Tommy, tirando o colar de prata com as letras LSS. — É para você, Blake. Só por ter tido a coragem de vir. Meia batalha já está vencida. E por ter a mente aberta para aprender a filosofia que eu prometi revelar a você naquele dia na loja. LSS significa Líder Sem Status. E é nisso que consiste todo o método que você vai aprender hoje. Você não precisa de status para ser líder, meu amigo. E, por favor, saiba que vai ouvir isso muitas vezes hoje. Faz parte do processo de treinamento que você está iniciando. A repetição é a mãe do aprendizado — explicou Tommy.

— O que significa que...?

— Que a repetição é um poderoso método de ensino. Por meio dela, uma ideia nova pode ser rapidamente assimilada como uma crença nova. E como é muito importante que você internalize a crença essencial de que não é preciso status para demonstrar liderança em tudo que faz, vai ouvir essa ideia inúmeras vezes. "Precisamos mais ser lembrados que instruídos", dizia o pensador G. K. Chesterton.

— Entendi — repliquei animado, enquanto olhava para o brilho nos sapatos reluzentes de Tommy.

— Ótimo. Como conversamos na loja, a liderança não é uma arte complexa, exclusiva dos poucos escolhidos formados em Harvard com impecável background. Cada um de nós, graças à nossa humanidade inerente, pode demonstrar liderança. E com as mudanças cataclísmicas pelas quais nossa sociedade passa hoje em dia, a liderança se tornou a *mais importante* habilidade para o sucesso nos negócios. E eu me esqueci de mencionar de maneira nítida naquele dia que liderança não é algo restrito ao trabalho. Precisamos praticar liderança em qualquer esfera em que nos encontremos. Para viver o melhor da vida, é muito importante sermos modelos de liderança em nossa saúde, demonstrá-la com aqueles que amamos, refleti-la em nossas finanças e vivê-la em nossa comunidade. E ainda mais essencial: a base de tudo é a autoliderança. Se você não é capaz de liderar a si mesmo, nunca será capaz de liderar as pessoas à sua volta. Eis uma ideia primordial: "Encontrar nosso centro de força interior é, em longo prazo, a maior contribuição que podemos dar aos outros", dizia o psicólogo Rollo May — recitou Tommy, enquanto respirava profundamente o ar puro. — Trata-se de um ótimo dia para se estar vivo, Blake. Considere a alternativa se não acredita em mim — acrescentou, dando-me uma cotovelada em sinal de brincadeira.

— Obrigado pelo presente, Tommy — disse eu, passando o colar pela cabeça. *Finalmente*, ele revelara o significado de LSS: Líder Sem Status. Gostei da ideia.

— Obrigado mais uma vez por vir aqui a esta hora — disse meu mentor. — Acordar cedo é uma das práticas diárias inteligentes que os Líderes Sem Status adotam com apurada consistência. Isso me faz lembrar das palavras de Ben Franklin, que certa vez observou: "Você terá muito tempo para dormir quando estiver morto." — E ele olhou para as covas.

— Curto e grosso — comentei.

— É isso mesmo. É tão fácil dormir demais. Muitas pessoas gostariam de ter mais tempo, mas desperdiçam o que têm. Acordar todos os dias uma hora mais cedo lhe garante sete horas extras na semana, ou trinta no mês. Quase uma semana extra de trabalho a cada trinta dias! É um tempo que você pode usar para elaborar planos, refinar a visão e desenvolver seus melhores projetos, ou para refletir sobre seus valores, transpor barreiras internas e reformular seu pensamento. Um tempo que você pode usar ainda para crescer e aprimorar tudo o que faz. Um dos principais objetivos de sua jornada, Blake, é se aprimorar. É bom ficar contente, mas *nunca* se dê por satisfeito.

Portanto, melhore tudo. Aprimore-se em tudo, todos os dias, sem parar e com entusiasmo.

— Inspirador. Mais ainda, preciso de outra xícara de café — admiti. Tommy permaneceu totalmente focado. Ele evidentemente me ouvia. De repente, olhou para baixo, para as duas covas mais uma vez.

— É, eu estava pensando nisso. Você me assustou. Pensei que talvez fosse agir de um jeito meio psicopata comigo. Apesar disso, confiei em você, Tommy. Por algum motivo eu confio em você. Talvez porque tenha conhecido meu pai. Meu Deus, como eu sinto falta dele!

— Eu também. Ele era um homem decente e muito generoso. Mesmo quando criança, sempre seguia o caminho mais digno, ainda que fosse o mais difícil. Acho que ele adoraria saber que você está aqui comigo hoje. E que está decidido a fazer grandes mudanças em seu modo de vida e de trabalho.

— É, ele ficaria feliz — disse eu, em voz baixa.

— Levei horas para cavá-las — disse Tommy, apontando para os dois buracos fundos no solo. — Um esforço e tanto para um homem de 77 anos — complementou com um sorriso forçado. — Covas me fascinam. Servem para me lembrar, de maneira dramática, de como a vida é curta, se pensarmos bem. No fim, todos acabamos no mesmo lugar. Nada mais que um monte de pó, Blake. Todas aquelas coisas que acreditávamos ser tão importantes, como cargos, lucro e posição social, se tornam tão irrelevantes. O CEO é enterrado ao lado do gari. E no último dia de vida, a única coisa que *realmente* importa é se você conheceu seu líder interior; e, se conheceu, se teve coragem de deixá-lo oferecer seus dons ao mundo à sua volta. Esse é o propósito central da vida, depois que você descarta todas as trivialidades. — Tommy fez uma pausa e inspirou novamente o ar fresco daquela límpida manhã. — O interessante quando refletimos sobre a morte é que ela desperta em nós o que há de mais verdadeiro na vida. Veja, olhe lá dentro.

No fundo da primeira cova havia uma placa de ardósia. Nunca tinha visto nada parecido. Percebi que as palavras haviam sido gravadas na pedra em evidentes letras de forma.

— Vamos — instruiu Tommy, lembrando um de meus sargentos na hora do treinamento básico. — Não tenha medo de se sujar. Desça lá e puxe a placa.

Meu coração começou a bater mais rápido de novo. Minha mente se encheu de dúvidas. Todavia, antes de me deixar levar pelo medo, saltei da grama para dentro da cova, pegando rapidamente a placa e limpando a terra que estava por cima das letras. O sol já estava mais alto no céu. Ainda na cova e sem olhar para Tommy, li as palavras que ele me incentivara a ler.

Os dez arrependimentos humanos, era o título.

— O que significa? — perguntei.

— Continue lendo.

— Os dez arrependimentos humanos. — Li em voz alta.

1. Você chega a seu último dia e percebe que a canção genial que sua vida devia ter tocado ainda está silenciada dentro de você.
2. Você chega a seu último dia sem jamais ter experimentado o poder natural que habita em você e lhe permite realizar um ótimo trabalho e conquistar coisas grandiosas.
3. Você chega a seu último dia e percebe que não inspirou ninguém pelo exemplo que deu.
4. Você chega a seu último dia cheio de dor e percebe que nunca correu riscos ousados, por isso nunca teve recompensas brilhantes.

O LÍDER SEM STATUS

5. Você chega a seu último dia e compreende que perdeu a oportunidade de alcançar a maestria porque caiu na mentira de que deveria resignar-se à mediocridade.

6. Você chega a seu último dia e sente o coração partido por nunca ter desenvolvido a habilidade de transformar a adversidade em vitória e o chumbo em ouro.

7. Você chega a seu último dia se lamentando por ter esquecido que o trabalho tem a ver com ajudar radicalmente os outros, em vez de ajudar unicamente a si mesmo.

8. Você chega a seu último dia ciente de que viveu a vida que a sociedade o treinou para viver, em vez de ter vivido realmente como queria.

9. Você chega a seu último dia e atenta para o fato de que jamais realizou seu pleno potencial nem desenvolveu o talento especial que deveria ter aflorado naturalmente em você.

10. Você chega a seu último dia e descobre que poderia ter sido um líder e deixado o mundo de um jeito muito melhor do que o encontrou. No entanto, recusou a missão porque tinha muito medo. E, por isso, fracassou, desperdiçando sua vida.

Eu não sabia o que dizer. Por alguma razão inexplicável, me emocionei. Talvez tivesse acabado de ler o que aconteceria se eu não realizasse algumas mudanças imediatas e começasse a ser um Líder Sem Status. Talvez tivesse confrontado minha mortalidade e como a vida estava passando rápido por mim. Talvez eu tivesse sido provocado por Tommy, forçado a admitir que vinha bancando a vítima por todos esses anos, culpando o mundo por meus erros, em vez de assumir responsabilidade pela posição em que me encontrava agora. Percebi que, no fim das contas, *cada um de nós* cria a vida que vive. E por meio de minhas decisões e ações, eu criei a minha.

Uma coisa era certa: a lista que eu acabara de ler era profunda. Gostaria que mais pessoas conhecessem "Os dez arrependimentos humanos". Imagine a perda de potencial que seria evitada se os profissionais conhecessem a lista e conseguissem, com isso, romper os padrões que os vêm orientando. Pense no bem que se propagaria se as crianças nas escolas fossem instruídas de acordo com a lista. Pense nas vidas que seriam salvas em todo o planeta se "Os dez arrependimentos humanos" fossem mais conhecidos; eles poderiam ser evitados a todo custo.

Foi naquele momento que alguma coisa no fundo de meu ser mudou completamente. Foi o meu momento da famosa lâmpada que se acende. Caiu a ficha, e tudo se definiu. Prometi a mim mesmo que daria um giro dramático em meu modo de trabalhar. Jurei que mudaria imediatamente minha maneira de viver. Não poria mais a culpa na guerra por não ser capaz de entrar no jogo. Não culparia meu gerente se não conseguisse realizar um ótimo trabalho. Não culparia mais meu passado por minha inabilidade de vencer no presente. Naquele momento — cansado e sujo, de pé numa cova que meu excêntrico mentor havia cavado bem antes do alvorecer daquele lindo dia, com a promessa de um recomeço —, parei de inventar desculpas. Assumi total responsabilidade pelas consequências de minhas ações e dei lugar ao que havia de melhor em mim.

— Você escreveu isso, Tommy?

— Sim, Blake, escrevi — confirmou ele tranquilamente, esfregando as mãos no lenço com estampas do Mickey. Ele tinha uma expressão séria no rosto. A voz soava nítida.

— O inferno na terra nada mais é do que acabar nessa primeira cova. O inferno nada mais é que deixar esses dez arrependimentos dominarem o coração antes de morrer. Nada destrói mais o espírito que cair no leito de morte em meio a essas dez condições. O ver-

O LÍDER SEM STATUS

dadeiro coração partido é chegar aos momentos finais e perceber que desperdiçou o dom mais importante que lhe foi concedido: a chance de oferecer sua magnificência ao mundo à sua volta. Essa é uma das mais importantes visões de liderança que posso lhe passar, Blake: um potencial não realizado se transforma em dor. E o mais triste disso é que a violência da mediocridade e uma vida mal vivida deixam marcas no indivíduo. Acontece de forma tão discreta que é quase imperceptível. E de repente, bum!, acaba com a pessoa! — exclamou, batendo as mãos bem alto. — Uma das grandes ideias que aprendi com um dos geniais professores de liderança que você vai conhecer é esta: o sucesso é alcançado por meio do cumprimento de umas poucas e pequenas disciplinas diárias, que se acumulam com o tempo e levam a realizações além de qualquer coisa que você pudesse ter planejado. Esses pequenos hábitos de sucesso são tão fáceis e simples de praticar que a maioria das pessoas acredita que eles não fazem diferença alguma e, desse modo, não os pratica.

— Então o sucesso é realmente fácil — disse eu, lembrando-me do que Tommy havia dito e reafirmando. — Qualquer pessoa pode alcançar o sucesso se fizer as coisas certas regularmente. E essas pequenas escolhas e os pequenos comportamentos se acumulam com o tempo. Acho que é a dinâmica em jogo. No fim, qualquer pessoa pode atingir aquele lugar extraordinário que parecia impossível quando começou a jornada. O processo lembra um pouco aquele pelo qual um agricultor passa. As sementes são plantadas. A plantação é regada e o solo, fertilizado. Parece que nada está acontecendo.

— E, no entanto, o agricultor não desiste. Ele não sai correndo pelo campo e começa a cavar até encontrar os legumes — complementou Tommy, descontraído.

— O agricultor tem paciência e confia no processo. Simplesmente tem fé e compreende muito bem que, por meio de seus esforços diários, o momento da colheita chegará. E um dia, quase que de repente, ela vem mesmo.

— Você é um sujeito esperto, Blake. Trata-se de uma metáfora fantástica, meu amigo. Seu pai tinha razão. Você tem muito potencial. Que bom para você!

Não havia uma única nuvem no céu. Os pássaros gorjeavam enquanto os raios de sol me aqueciam o rosto. Era realmente um ótimo dia para se estar vivo.

Tommy continuou falando.

— As pessoas de sucesso cumprem disciplinas idênticas de liderança. Praticam regularmente os mesmos elementos fundamentais. Mas seus atos diários de excelência, pequenos e aparentemente insignificantes, se acumulam com o tempo e se transformam em uma das melhores carreiras e em uma vida pessoal de primeiro mundo. O que nos leva agora a falar sobre o fracasso. O fracasso, por sua vez, é *igualmente* fácil de alcançar. Ele nada mais é que o resultado inevitável de alguns pequenos atos de negligência diária, praticados com regularidade, de modo que, com o passar do tempo, levam o indivíduo a um ponto do qual não há volta. Insisto em que você olhe para essa primeira cova e faça um exame profundo de sua alma, descobrindo como planeja se imaginar no mundo após o dia de hoje. Certamente você não quer acabar nessa primeira cova. Seria uma tragédia. Sim, concordo que nosso encontro neste cemitério foi dramático — admitiu Tommy. — Mas eu quis mesmo provocar você. Alcançá-lo. Colocá-lo em uma posição na qual você tiraria e jogaria fora a venda dos olhos, largaria as desculpas e examinaria atentamente a si mesmo. O contato com a ideia de que um dia morreremos é uma ferramenta poderosa para mudarmos o modo de pensar e despertarmos nosso líder interior.

— Por quê? — perguntei.

O LÍDER SEM STATUS

— Porque quando recordamos a brevidade da vida, jogamos fora todas as distrações e nos lembramos do que é mais importante. Vislumbrar a própria mortalidade faz com que lembremos que nossos meses estão contados.

— Novecentos e sessenta — confirmei.

— Sim, Blake. Então, para que apostar baixo? De que adianta temer o fracasso? De que adianta se preocupar com a opinião alheia? Por que negar seu dever de liderar?

— Você alcançou o sucesso, Tommy. Eu não me sinto nem um pouco assim.

— Porque a mudança concreta só acontece quando damos um giro em nível emocional, não lógico. Quis tocar você no coração, em vez de falar apenas com sua razão. Você pode ouvir uma boa ideia centenas de vezes e ainda assim não conseguir integrá-la à sua essência, enquanto não a *experienciar*, visceralmente, em seu corpo. Só então ela passa de ideia a *verdade* para você. É por isso que muitos treinamentos não funcionam no sentido de criar resultados duradouros. Eles não chegam de verdade em nós.

— É verdade — concordei. — Começo a ver as coisas de modo bem diferente, com muito mais discernimento. Caí na armadilha de achar que meu emprego não é importante, meu trabalho não conta e que estou num beco sem saída trabalhando naquela livraria.

— Agradeço sua sinceridade, Blake. E parabéns por não se sentir mais o mesmo. Saiba que não existe emprego que é um beco sem saída em todo este vasto e imprevisível mundo; existe apenas o *pensamento* beco sem saída. E sendo alguém que gosta de você, vou continuar dando o meu melhor para desafiá-lo a jogar no campo da maestria. Lembre-se apenas de que qualquer trabalho feito com esmero e deslumbramento gera recompensas além das possibilidades restritas que nossos olhos podem ver. Só porque você não consegue neste momento, neste cemitério, ver todo o sucesso disponível para você, não significa que ele não esteja.

— Ótimo argumento! Nunca pensei nisso.

— E como estou sugerindo, o segredo é colocar um pouco de emoção, energia e paixão na equação. Aí então os reais avanços vão começar a aparecer. Trouxe você aqui para deixá-lo bravo, triste e até um pouco frustrado ao perceber como está subestimando sua carreira e o tesouro que é sua vida. Queria que você começasse a assumir responsabilidade pessoal por cada uma das atuais condições em que está vivendo. Porque quanto mais reconhecer seu poder de fazer escolhas, mais poderosas elas serão.

— Já entendi, Tommy — disse eu, com sincera convicção.

— Bem, então me deixe falar sobre a segunda cova. Pule nela, por favor — pediu ele, e esboçou um gesto rápido em direção ao buraco, gesto este que lembrava o de um maître em um restaurante chique na chegada de um convidado classe A.

Obedeci prontamente e parti para a ação, pulando na outra cova com um entusiasmo incomum. Esperava encontrar outra placa, ou talvez outro colar com alguma sigla peculiar. No entanto, encontrei absolutamente nada no fundo da cova.

— Tome — disse ele, entregando-me uma pá. — Vai precisar cavar um pouco aqui, porque ricas recompensas sempre seguem um esforço honesto e um trabalho feito com afinco. Você vai adorar o que está prestes a descobrir.

Comecei a cavar.

— Mais rápido, Blake. Temos mais coisas a fazer e pessoas a conhecer. Não temos o dia todo — gritou Tommy, com os braços cruzados e uma expressão a qual mostrava que ele estava se divertindo.

Rapidamente bati com a pá em algo. Ajoelhei-me e comecei a remover a terra com as mãos. Quando tirei o bastante, notei algo que reluzia extraordinariamente sob o sol da manhã. Com cuidado, peguei o objeto e olhei para Tommy, incrédulo. No fundo da segunda cova havia outra placa. Era feita, porém, de algo que parecia ouro puro.

— Isso é o que eu estou pensando, Tommy? — perguntei, perplexo.

— Ouro puro, meu amigo. Agora leia, por favor. Você está pronto para entender o que diz a inscrição.

A placa de ouro tinha o seguinte título, marcado com idênticas letras de forma: AS DEZ VITÓRIAS HUMANAS. Tommy, então, disse:

— Apresentei-lhe um quadro do que é o inferno na terra, Blake. Agora precisamos ser muito mais positivos e falar sobre o lugar para o qual sinto que você está se dirigindo rapidamente; um estado em que todas as coisas são possíveis e nada poderá impedi-lo de fazer uma grande diferença.

— E como alcanço esse lugar, Tommy?

— Apenas faça as coisas que tenho incentivado você a fazer. E seja um Líder Sem Status. Se introduzir liderança em *tudo* o que fizer e em cada coisa que tocar, viverá de maneira extraordinária. Você *realmente* pode praticar seu talento original. Pode ser um dos grandes. Leia as recompensas que, sem dúvida alguma, vai receber se adotar a filosofia que estou lhe passando. Estou muito feliz por você.

Li a lista:

1. Você chega ao fim repleto de felicidade e realização, pois sabe que deu tudo de si — usou a totalidade de seus talentos, os maiores de seus recursos e o melhor de seu potencial, realizando um excelente trabalho e levando uma vida rara.

2. Você chega ao fim ciente de que trabalhou segundo um padrão de excelência concentrada e seguiu o mais impecável nível de exigência em cada coisa realizada.
3. Você chega ao fim celebrando clamorosamente o fato de ter tido a ousadia de enfrentar seus maiores medos e concretizar suas visões mais arrojadas.
4. Você chega ao fim e reconhece que se tornou alguém que formou pessoas, em vez de alguém que acabou com elas.
5. Você chega ao fim compreendendo que, embora sua jornada nem sempre tenha sido tranquila, todas as vezes que caiu você se levantou imediatamente — e nunca perdeu nem um pouco o otimismo.
6. Você chega ao fim e se deleita na glória de suas conquistas fenomenais, além do grande valor que adicionou à vida das pessoas a quem teve a sorte de servir.
7. Você chega ao fim e adora a pessoa forte, ética, inspiradora e empática que se tornou.
8. Você chega ao fim e percebe que foi um verdadeiro inovador, que abriu novos caminhos em vez de seguir as velhas estradas.
9. Você chega ao fim cercado por colegas de equipe que o chamam de estrela do rock, clientes os quais dizem que você é um herói e pessoas queridas que o consideram uma lenda.
10. Você chega ao fim como um verdadeiro Líder Sem Status, sabendo que seus grandes atos perdurarão por muito tempo após sua morte e sua vida será para sempre um modelo a ser seguido.

Sentamo-nos na bela grama que cercava as covas. As palavras escritas por Tommy eram ao mesmo tempo brilhantes, belas e básicas. Minha vida se tornara tão cheia de preocupações e impensados atos

O LÍDER SEM STATUS

de confusão que eu havia perdido a noção do que realmente era importante. Eu havia perdido de vista tudo aquilo que era capaz de fazer na posição em que me encontrava. Tinha me esquecido do meu próprio poder de fazer as mudanças acontecerem, e ainda havia me desconectado do talento oculto em meu ser.

A explicação de Tommy era tão evidente: eu poderia escolher continuar vivendo como vivera até então — passando pela vida e sucumbindo à maldição da negligência diária. E se assim o fizesse, acabaria na primeira cova, uma vítima perdida dos preços estipulados na placa de ardósia. Em contrapartida, poderia escolher o caminho superior, aceitar a liderança, a excelência e o entusiasmo no trabalho e na vida. Eu poderia começar a ser um Líder Sem Status e a ganhar as recompensas da placa de ouro. Uma escolha me levaria a uma forma infernal de viver; a outra, Tommy garantia, me conduziria ao lugar de meus sonhos. Eu sabia que decisão tomar. E então, sentado ali na grama, com meu mentor e suas roupas estranhas ao meu lado e as duas covas recém-cavadas à minha frente, eu escolhi.

4

A primeira conversa sobre liderança: Você não precisa de um cargo alto para ser líder

Se um homem tem o dom de varrer ruas, deve varrê-las como Michelangelo pintava, como Beethoven compunha ou como Shakespeare escrevia. Deve varrê-las tão bem que todas as hostes dos céus e da terra pararão para dizer: "Aqui viveu um grande varredor de ruas, que fez um bom trabalho."
— *Martin Luther King Jr.*

O modo mais comum de as pessoas abrirem mão de seu poder é pensar que não têm poder algum.
— *Alice Walker*

Tommy colocou a placa de ouro no porta-malas do Porsche com delicadeza e ligou o motor. Soou como poesia aos meus ouvidos. Eu o segui em meu carro e voltamos para Manhattan.

Após cerca de duas horas dirigindo, Tommy parou em frente a um dos melhores hotéis de Nova York, um dos favoritos do pessoal da moda e de quem aprecia lugares com design elegante. Deu ao manobrista uma nota de US$ 20 e me conduziu pelo pequeno porém impressionante saguão, repleto de belas modelos, viajantes europeus e livros sobre design moderno. Subimos até o terceiro andar, sem contar com o andar térreo, e caminhamos pelo escuro corredor.

— Quero que conheça o primeiro dos quatro professores que vou lhe apresentar neste nosso dia especial, Blake. O nome dela é Anna, e ela é argentina. É uma mulher adorável, muito bondosa e realmente habilidosa. Além disso, ela é absolutamente entusiasmada e muito sábia. Anna sabe muito bem o que significa ser líder e conhece a fundo o conceito de ser Líder Sem Status. Na verdade, foi uma das primeiras pessoas que me passaram o conceito. — Tommy revelou quando chegamos ao apartamento 404. Eu podia ouvir alguém cantando lá dentro.

— *Buenos días*, Tommy — gorjeou a adorável mulher que abriu a porta, esboçando um belo sorriso. Achei que tivesse quase 50 anos, ainda que dela emanasse uma notável juventude; ela também era dona de uma protuberante sensualidade. Vestia um uniforme preto e branco, do tipo que em geral é usado por camareiras em hotéis. A pele, levemente bronzeada, era impecável e os dentes, quase perfeitos, de brancura impressionante. Ela parecia empolgada porém graciosa, e perfeitamente à vontade. Adornara os cabelos com uma linda flor branca, um toque original que a deixava ainda mais radiante.

— *Buenos días*, Anna — respondeu Tommy, enquanto lhe beijava delicadamente o rosto e a abraçava com ternura. — Era você quem estava cantando?

— Com certeza. Você sabe como fico feliz quando faço meu trabalho. Tenho vontade de cantar. E, quando canto, me divirto ainda mais. É maravilhoso — acrescentou.

Tommy e a arrumadeira deram-se as mãos e começaram a dançar. Parecia meio tango, meio merengue. Flutuavam pela sala como se nada mais tivesse importância. Era estranho e ao mesmo tempo adorável. Os dois pareciam estar em um universo próprio por alguns instantes. Quanto a mim, fiquei ali parado, encantado diante da cena surreal. Devo acrescentar que a dinâmica entre Tommy e Anna não tinha a menor insinuação de romantismo. Tinha muito mais a ver com amizade, ainda que eu percebesse que um adorava o outro.

— Anna, este é o rapaz de quem lhe falei. Blake, esta é Anna.

Trocamos um aperto de mãos. Anna ajeitou a flor no cabelo. A sala estava perfeitamente arrumada. Madeira escura e lençóis brancos, combinando com os toques arquitetônicos e as grandes janelas que davam para a rua movimentada, equilibravam minimalismo e conforto com maestria. Era um ambiente agradável.

Tommy disse:

— Blake é veterano de guerra. Esteve no Iraque. E agora trabalha comigo na livraria, como lhe contei por telefone ontem à noite. Teve uma vida e tanto em seus poucos anos de idade. O pai dele e eu éramos amigos quando morávamos em Milwaukee. Blake está pronto para assumir liderança na vida. Então eu achei que agora seria o momento de apresentá-lo a você. Além disso, eu precisava aprender alguns passos novos de dança, Anna — complementou com uma piscadela.

Anna sorriu e corou um pouco. De repente, olhou pela janela, mergulhada em seus pensamentos.

— Honro você e todos os soldados que se sacrificaram tanto por nós, Blake. Lutaram bravamente para que pudéssemos ser livres. Sei que é impossível que eu de fato compreenda tudo aquilo por que você passou. Mas quero expressar minha mais profunda gratidão. Amo muito os Estados Unidos. E você, bem como os que lutaram ao seu lado, garantiu nossa segurança e nossa força. Muito obrigada.

Eu não sabia o que dizer. Embora tivesse voltado do Iraque havia um tempo, às vezes ainda me sentia por lá. Meu tempo de batalha havia feito com que eu desenvolvesse um instinto de sobrevivência aguçado, o qual servia para me manter vivo. Eu reprimia a maior parte de minhas emoções, e geralmente era duro como pedra ao longo dos dias. Bloqueara a maioria das lembranças e me amortecia passando boa parte de minhas horas apenas perdendo tempo. E eu não me atrevia a deixar qualquer um se aproximar demais de mim. Isso magoava as pessoas, ou elas me magoavam. Contudo, lá estava aquela exótica e bela mulher, que não me conhecia, expressando gratidão a mim naquele hotel chique, afirmando como meus esforços de soldado haviam feito diferença para ela como ser humano; confirmando que todos aqueles anos em que eu me dedicara a servir ao meu país não tinham sido em vão, mas muito valiosos. Senti-me honrado e feliz.

— Agradeço pelas palavras, Anna. Obrigado — respondi.

— Blake vai conhecer os outros? — Anna perguntou delicadamente.

— Mais tarde, mas hoje mesmo — respondeu Tommy, com um sorriso sábio.

— Que bom. Isso é muito bom.

Ela então caminhou até a cama e alisou uma ruga em um dos pesados travesseiros.

— Se é assim, Blake está em um dia de grande transformação — acrescentou, olhando novamente pela janela. — O primeiro dia de um jeito totalmente novo de trabalhar e o início de uma novíssima maneira de viver. Ótimo.

— Obrigado por seu tempo, Anna. — Foi tudo o que pude dizer. — É muita coisa para absorver, mas o que Tommy me ensinou até agora é impressionante. Alguns dias atrás, eu achava que meu emprego era só um emprego e que liderança era apenas para executivos. E que o sucesso era algo restrito a uns poucos sortudos. Encaro tudo de forma diferente agora.

— Olhe para mim — disse Anna, apontando um dedo para o próprio coração. — Eu poderia citar um milhão de motivos para me

O LÍDER SEM STATUS

sentir desencorajada, insatisfeita e desmotivada em relação ao meu emprego. Poderia reclamar dizendo que sou só uma arrumadeira e o que faço todos os dias é limpar os quartos do hotel, ocupados por gente cheia da grana. Mas uma das liberdades que temos como seres humanos é a liberdade de escolher o modo como encaramos nosso papel no mundo e o poder que temos de tomar decisões positivas em quaisquer condições em que nos encontremos.

— Começo a entender, Anna. Temos muito mais poder do que pensamos. E muito mais controle sobre nossa vida do que a maioria de nós consegue perceber.

— Sim, Blake — disse ela com doçura, revelando um leve toque de suas raízes latinas no sotaque. — Por isso tomei a decisão de dar nada menos que o *melhor* de mim neste emprego.

— Excelente lema. Nada menos que o melhor de si — comentei, repetindo as palavras de Anna.

— Esse comprometimento comigo mesma tem feito maravilhas com a minha vida. E me tornou uma pessoa feliz. Cada um de nós pode decidir amar o trabalho que faz e realizá-lo tão bem que as pessoas não conseguem parar de olhar. Esse modo de viver me dá muita energia e faz com que eu me sinta muito bem comigo mesma. Muitas pessoas à minha volta acham que tive "sorte". A gerência deste hotel me trata como rainha. O gerente-geral me rotulou como "grande potencial" e me coloca em tantos treinamentos que nem consigo contar. Os famosos CEOs que se hospedam aqui me conhecem muito bem e me contam muitas de suas ideias de negócios. As estrelas de cinema que passam por aqui quase sempre pedem que eu cuide do quarto delas. E as gorjetas que ganho me permitem mandar dinheiro para a minha família em Buenos Aires todos os meses. Por isso, eu me sinto muito bem. Principalmente levando em conta minha história. Fui eu que criei minha "sorte", embora tenha enfrentado alguns grandes obstáculos.

Tommy olhou para Anna e beijou-lhe suavemente a mão.

— Anna também perdeu os pais, Blake. Morreram em um acidente de carro em Bariloche, uma cidade turística, quando ela ainda era criança. Ela foi criada pela avó, mas eram muito pobres.

— Muito pobres — enfatizou Anna, a voz entrecortada de emoção. — Desenvolvi, assim, grande estima pela noção de família. Depois que meus pais morreram, o restante da família se uniu. Na cultura latina, a família sempre foi extremamente importante, mas ser unidos, para nós, adquiriu um sentido totalmente novo. Eu passava quanto tempo fosse possível com minha avó e todos os meus primos. Tínhamos tão pouco em termos de coisas materiais, e a vida era dolorosa e difícil para mim em grande parte do tempo. Penso, porém, que enriqueci em outros sentidos. Aprendi a amar a literatura, a boa música e as artes, e descobri que os prazeres mais simples da vida são os mais preciosos. E dando sempre o melhor de mim em todos os meus empregos, fui aos poucos melhorando de vida. Agora estou aqui, em um dos melhores hotéis do mundo, em uma das mais grandiosas cidades do planeta. Talvez eu tenha tido sorte, sim, em vários sentidos. Mas creio também que "golpes de sorte" nada mais são que *recompensas inesperadas* por *escolhas inteligentes* que fizemos. O sucesso não acontece simplesmente porque os astros de uma pessoa se alinham. O sucesso, tanto profissional quanto pessoal, é algo conscientemente *criado*. É o resultado garantido de uma série deliberada de atos que qualquer um pode realizar. E, para mim, isso é muito empolgante — disse Anna, entusiasmada.

— Hoje em dia fala-se muito em "esperar que os astros se alinhem antes de saber até onde posso ir" — interveio Tommy. — As pessoas querem algo em troca de nada. Sonham em ter tudo, mas não estão dispostas a arregaçar as mangas e fazer um esforço. Começam num emprego e esperam ser bem remuneradas, sem mostrar o valor que justificaria a boa remuneração. Vivemos atualmente em um mundo deturpado.

— É verdade — concordou Anna, assentindo com a cabeça. — Como eu estava lhe dizendo, Blake, o sucesso é alcançado por meio de escolhas conscientes. E é a consequência final e inevitável de uma tomada de decisão superior. Toda pessoa pode ter sucesso. Poucas *escolhem* ter. Quando você começar a *fazer* mais o que os Líderes Sem Status fazem, *certamente receberá* as recompensas espetaculares que eles recebem. E, a propósito, dizer que os grandes realizadores têm "sorte" é a maneira mais fácil de evitar se mexer e realizar algo valioso na vida.

Deixei que os comentários de Anna tomassem conta de meus pensamentos. Ponderei-lhe as palavras. Ela realmente era uma sábia pensadora de negócios. Presumi que era assim graças aos treinamentos que recebera e às conversas que tivera com grandes executivos. Fechei os olhos por um instante. Contudo, as buzinas dos carros na rua logo interromperam meu momento de reflexão. Olhei para Tommy, sentado em um elegante sofá. Em frente a ele havia uma mesa estilosa, sobre a qual estava uma tradicional vela branca. Ao lado da vela havia uma garrafa de vinho tinto de alguma vinícola da Califórnia. Desejei poder me hospedar ali um dia.

— Você pode ficar surpreso, Blake — disse Anna, as palavras fluindo rapidamente. — Mas creio que tenho um dos melhores empregos do mundo.

— Do mundo? — questionei, um tanto espantado diante do comentário.

— Do mundo — confirmou ela. — Descobri que meu trabalho é profundamente importante e essencial para o bom funcionamento desta complexa e respeitada organização. Vejo-me como uma embaixadora da boa vontade deste hotel, uma gerente de marca, demonstrando isso em meu comportamento.

— Você se vê como gerente de marca, Anna? Incrível. Sem ofensa, mas todas as pessoas que conheço diriam que seu trabalho é duro e bastante banal. Quero dizer, você tem que limpar depois que as pessoas saem. Tenho certeza de que trabalha muitas horas, e arrumadeiras nem sempre são muito respeitadas na sociedade.

— O que a sociedade pensa não me interessa, Blake. Só o que me importa é como me vejo. Sei quem sou. Conheço o valor do meu trabalho. Encontro maneiras de desafiar a mim mesma todos os dias. E fiz deste trabalho algo verdadeiramente significativo para mim.

— Você é incrível. — Não pude deixar de repetir. Aquela linda mulher com uma flor no cabelo, que realmente acreditava que seu emprego de arrumadeira era o melhor trabalho do mundo, me inspirava. Muitos de nós subestimamos nosso trabalho e deixamos de apreciar todos os seus aspectos positivos. Queremos algo melhor, mas não percebemos que geralmente o que buscamos está exatamente onde estamos. Só precisamos olhar um pouco mais a fundo. Tentar com um pouco mais de esforço. E viver uma vida um pouco melhor. Anna era um incrível exemplo disso.

— Chego ao trabalho todos os dias e, de maneira positiva, influencio os hóspedes com minha excelente atitude. Meu enfoque em um desempenho triunfante em cada coisa que faço e meu desejo genuíno de fazer com que a estada deles aqui seja a melhor que já tiveram moldam toda a nossa cultura e vão ao encontro de nosso resultado final. E a maneira como trago inovação a cada área de nosso departamento se traduz em visitas de hoteleiros do mundo todo para nos usar como referência — disse. — Portanto, não é verdade que meu emprego aqui é banal e irrelevante.

— Você mais parece uma consultora de gerenciamento ou uma boa palestrante motivacional que a arrumadeira de um hotel de luxo, Anna — comentei com sinceridade.

— Bem, meu objetivo é motivá-lo, Blake. Tommy acha você ótimo. Talvez você só precise reconhecer como é ótimo mesmo.

— Acho que as dificuldades e batalhas destes últimos tempos me desencorajaram, Anna — disse eu, me sentindo à vontade na presença dela, e então me abri um pouco mais. — Veja só, não estou mais bancando a vítima, por isso não me parece certo ficar falando do que me atrapalhou no passado.

— É isso aí, Blake — interveio Tommy, erguendo o polegar em sinal de aprovação. — Muito bem, meu amigo. *Nunca* se faça de vítima! É *impossível* construir um caminho para o sucesso se as bases são desculpas.

— Entendi. Mas desde que voltei do combate, não tenho mais a mesma confiança. Por isso, empurro tudo com a barriga e não me aprofundo muito em nada. Mas algo grande mudou em mim esta manhã, Anna. Sinto realmente que estou vivo. Meu futuro parece mais brilhante que nunca.

— Você o levou ao Rosemead, não foi, Tommy?

— Com certeza, Anna. Quando vocês me levaram lá, no início de nosso inesquecível dia juntos, tantos anos atrás, foi o começo de minha transformação. Eu tinha que dar ao Blake uma experiência igual. Ele merecia esse presente.

— E o colar de prata LSS que lhe demos?

— Eu o dei ao Blake. Paguei o que devia. E tenho certeza de que ele fará o mesmo com alguém que vai conhecer, quando estiver pronto para ouvir nossa mensagem.

— E nossa placa de ouro? — perguntou Anna delicadamente.

— Está em um lugar seguro.

— Você é o melhor, Tommy — disse ela com afeição.

— Essa coisa de cemitério funcionou — concordei. — Mas devo admitir que me preocupo com o que as pessoas falarão a meu respeito se continuar fazendo as grandes mudanças que eu sei que são necessárias. Na verdade, acho que estou mais preocupado do que devia com o que as pessoas à minha volta pensam de mim. E se elas rirem de mim quando eu começar a ser um Líder Sem Status, expressando o que há de melhor em mim e encarando meu emprego na livraria como o mais importante do mundo? A maioria das pessoas não pensa assim em relação ao trabalho.

— O que os outros pensam de você não é da sua conta, Blake. Liderança requer fé inabalável em *sua* visão e uma rígida confiança em *seu* poder de realizar mudanças positivas. Esqueça o que os outros poderão dizer. E lembre-se do que Albert Einstein certa vez escreveu: "Grandes almas sempre encontraram oposição por parte de mentes medíocres." Apenas realize seu trabalho da melhor e mais humana maneira possível. O resto acontecerá normalmente.

— E se eu falhar, Anna? E se não for capaz disso? E se o que estou aprendendo não funcionar? — perguntei, expressando minhas dúvidas.

— Não há como a filosofia do Líder Sem Status falhar, Blake — afirmou Tommy com total convicção. — E se você tropeçar um pouco no caminho... Bem, isso faz parte do jogo. É caindo que se aprende a andar. É tentando que se aprende a liderar. Cada passo errado o leva mais perto do passo certo. E se as pessoas não compreenderem o que você está fazendo, por que se deixar abater por elas? Pessoas *grandiosas* constroem monumentos com as pedras que os críticos atiram nelas. E os críticos geralmente só o criticam porque, em certo

O LÍDER SEM STATUS

nível, se importam com você. Quando param de falar, é porque você não é mais importante para eles. Quando ninguém mais o criticar, aí você deve se preocupar.

— Isso me ajuda muito, Tommy. Obrigado.

Anna voltou a falar da paixão dela pelo trabalho que fazia. Agitava as mãos em várias direções enquanto discursava.

— Todas as manhãs e tardes, eu limpo esses quartos como imagino que Picasso pintava. Sinto como se fossem cômodos da minha casa. E nossos hóspedes são, para mim, hóspedes em minha casa. Vejo-me como uma espécie de artista, e cada dia tenho a boa fortuna de poder expressar minha criatividade em uma tela que os outros chamam de trabalho.

— Incrível — comentei, inspirado pelo entusiasmo missionário daquela bondosa mulher, pela iniciativa em fazer com que seu trabalho fosse importante.

— E essa é a ideia da filosofia do Líder Sem Status que ensinamos ao meu bom amigo Tommy. Devo lhe dizer que ele foi um aluno notável. É totalmente aberto a novas ideias e agiu de acordo com elas numa rapidez incrível. E foi por isso, em parte, que se tornou tão bem-sucedido na empresa. Ah, e o fato de ser bonito também ajudou — flertou ela, ajeitando mais uma vez a flor no cabelo.

Esparramado no sofá, Tommy riu e brincou com os desarrumados cabelos grisalhos.

— Cargos importantes trazem poder, Blake. O problema é que se o cargo for tirado o poder se perde.

— Faz sentido — repliquei, sentando-me ao lado de Tommy no sofá. — O poder do diretor administrativo, por exemplo, só dura enquanto ele ocupar o cargo de diretor administrativo. Se perdê-lo, todo o poder relacionado ao cargo vai junto.

— Exatamente — disse Anna, enquanto se movia de maneira graciosa pelo quarto. — A influência resultante de um cargo importante pode ser, na melhor das hipóteses, passageira, principalmente nas atuais turbulentas condições econômicas. Existe um poder muito mais profundo que esse, Blake, e é o poder de liderança natural que reside em cada um de nós pelo simples fato de sermos humanos. Infelizmente, o potencial está adormecido e é pouco utilizado pela grande maioria das pessoas. Mas ele *está lá*, disponível para quem quiser procurá-lo e acioná-lo. Na verdade, esse é o poder em sua forma mais real.

— Por quê?

— Porque é um poder que *nunca* nos será tirado, não importa o que aconteça à nossa volta. É o poder verdadeiro, não depende de condições externas. É autêntico. E esse Blake, o Grande é o melhor tipo de poder.

Sorri para Anna. Ela me fazia sentir especial. E eu gostava da força e do calor humano que irradiavam dela. Ser um Líder Sem Status parecia algo que envolvia o delicado equilíbrio entre ser firme e amistoso, rígido e delicado, além de corajoso e compassivo.

Anna enfiou a mão no bolso do avental e tirou um guardanapo com algo escrito em vermelho.

— Veja, Blake — disse ela, entregando-me o guardanapo. — Meu amigo Tommy me disse que você viria, então preparei isso para você. Por favor, leia. E enquanto isso, permita-me lhe oferecer uma xícara de café; fazemos um café incrível aqui. Não sei o que eu faria sem essa bebida — acrescentou. — Não se preocupe, Tommy. Vou trazer uma xícara quentinha para você também, querido — afirmou Anna, soprando um beijo para Tommy, o qual ele encenou pegar no ar com a mão.

O LÍDER SEM STATUS

Li as palavras escritas no guardanapo. "Os quatro poderes naturais":

PODER NATURAL 1

Todos nós, que estamos vivos neste momento, temos o poder de ir ao trabalho todos os dias e expressar o que há de absolutamente melhor em nós. E não precisamos de títulos ou cargos importantes para isso.

PODER NATURAL 2

Todos nós, que estamos vivos hoje, temos o poder de inspirar, influenciar e elevar cada pessoa que conhecemos com o dom de um grande exemplo. E não precisamos de títulos ou cargos importantes para isso.

PODER NATURAL 3

Todos nós, cheios de vida, podemos gerar mudanças positivas com entusiasmo diante de condições negativas. E não precisamos de títulos ou cargos importantes para isso.

PODER NATURAL 4

Todos nós, vivos para a verdade da liderança, podemos tratar todos os envolvidos com respeito, reconhecimento e gentileza — e, com isso, elevar a cultura da organização ao que há de melhor. E não precisamos de títulos ou cargos importantes para isso.

Anna voltou com as duas xícaras de café perfeitamente dispostas em uma bandeja prateada montada com muita elegância. Ao lado das xícaras, havia algumas trufas de chocolate.

— Aqui está, senhores — disse ela, nos oferecendo o café e os doces. — Sirvam-se, por favor. Sejam ousados e saboreiem o chocolate. Um pouco de doce faz bem para a alma. Trouxe de uma viagem recente a Buenos Aires, quando fui visitar minha família. Minha avó não anda muito bem de saúde. Fui até lá para ela saber que, embora meu lar agora seja nos Estados Unidos, basta pegar um avião para vê-la. E sempre que ela precisar de mim, estarei ao lado dela para ajudar.

— Admiro isso, Anna — comentei. — Gostaria de ter familiares por perto. Prometi a mim mesmo que me esforçaria mais para melhorar a relação com minha namorada. Eu ainda a amo muito e percebo que os problemas de relacionamento que temos, desencadeados pelo tempo que passei na guerra, podem ser resolvidos.

— Bem, eu sou mais ou menos da família para você, Blake — falou Tommy, animado. — Portanto, não se preocupe mais com isso.

Comi uma trufa. Era incrivelmente deliciosa. Anna percebeu, pela minha expressão, que eu fora transportado para outro plano.

— É maravilhosa, eu sei — afirmou ela. — Tommy disse que apareceria cedo ou tarde, por isso guardei algumas para ele. É um de meus amigos mais queridos.

— Isso é recíproco, querida — observou Tommy, com chocolate em quase todos os dentes.

— Blake, você o conheceu no momento perfeito. Seja como for, me diga o que achou do que leu no guardanapo.

— Você tem certeza de que não é consultora administrativa? — perguntei, esboçando um sorriso malicioso.

O LÍDER SEM STATUS

— Tenho, sim. Sou só uma arrumadeira que, por acaso, escolheu ter comportamento de líder — respondeu Anna animada.

— Adorei o que você escreveu, Anna — continuei. — No Exército, era importante honrar o que você chama de "poder do título". Entendo perfeitamente por que isso era importante lá. Precisávamos de alguém para nos guiar e nos dar ordem para marchar. Alguém para nos proteger do perigo e nos ajudar a manter a calma quando a morte espreitava. Sem patentes e títulos, não haveria ordem na vida militar. A organização não teria estrutura. Isso significaria não só que seríamos completamente ineficazes para lutar pela liberdade da nação, mas também que as pessoas seriam mortas desnecessariamente. Mas, depois de meu período ali, voltei para casa, para um ambiente muito diferente, se quiser usar termos sutis. Não tinha mais uma patente, nem mais uma função e, além disso, havia perdido um bando de irmãos. Só aqui, com vocês, consigo ver por que sofri tanto.

— Então nos diga — pediu Anna, me encorajando.

— Eu havia definido a pessoa que sou por minha patente militar. Permitira que minha autoridade formal se tornasse o ponto de medida de minha autoridade moral. Assim, quando voltei para a vida civil e perdi o título militar, parecia que havia perdido tudo. Sem uma patente com a qual me identificar, eu não tinha identidade. Agora entendo que, na verdade, não perdi o poder, e só o que tenho a fazer é reconhecer *meu verdadeiro* poder.

— É isso mesmo. E esse poder autêntico é algo com o qual nascemos. Portanto, é nosso direito inato despertá-lo e liberá-lo para atuar no ambiente à nossa volta. Lembre-se apenas de que, *independentemente* de sua posição em qualquer organização, de sua idade e do local onde mora, você tem o poder de demonstrar liderança. *Ninguém* nem *nada* pode lhe tirar isso. Mas é completamente *sua* a responsabilidade de ativar esse poder.

75

Anna dirigiu-se elegantemente ao bar, muito bem abastecido por sinal. Dentro dele, pude ver CDs, velas votivas, barras de chocolate exóticas e bebidas de todo tipo. Ela abriu um CD ainda lacrado de uma banda que eu não conhecia, chamada Sola Rosa.

— Este CD é maravilhoso, meninos. Não se preocupem, pagarei por ele. Adoro música. E sinto que é o momento de curtir um pouco.

Ela colocou uma das faixas do CD para tocar. Em seguida, inesperadamente, começou a acender e apagar a luz ao lado do frigobar. Não disse uma palavra, me deixando completamente estupefato com o comportamento dela. A cadência da música dava um efeito hipnótico à cena. Como se estivesse em transe, Anna continuou ligando e desligando o interruptor, acendendo e apagando as luzes. Era tudo muito fantástico. Tommy parecia inabalável. Continuou bebendo seu café e pegou outra trufa de chocolate. Até hoje eu ainda me lembro de cada detalhe daquele quarto de hotel.

— O que está fazendo, Anna? — perguntei por fim, sem conseguir esconder a curiosidade. Tommy só balançou a cabeça.

— Mais um dos métodos dela de ensino — disse ele, lambendo o chocolate dos dedos entre um gole e outro de café. Ele parecia apreciar muito o café de Anna, e era grato por cada gole. Observando Tommy — e a paixão dele por quase tudo —, percebi que há uma grande diferença entre estar vivo e saber viver.

— Cada um de nós tem um mecanismo de liderança interior, Blake — disse, por fim, Anna. — É exatamente o que estávamos sugerindo. Cada um de nós tem esses poderes verdadeiros que escrevi no guardanapo, poderes adormecidos. E cabe a nós não apenas reconhecer que os possuímos, mas também ativar o mecanismo. E, com isso, fazemos a escolha fundamental que transforma radicalmente *qualquer* carreira e *qualquer* vida: é a escolha profunda de parar de se fazer de vítima e começar a se assumir como líder. Essa é, de fato, a escolha final que você tem à sua frente, Blake, *vítima* ou *líder*. Ligue o interruptor. E lembre-se sempre de que a autoridade pessoal que vem automaticamente quando você expressa seus quatro poderes naturais de liderança tem muito mais influência e impacto sobre as pessoas à sua volta do que a autoridade formal própria de um cargo importante.

— Simplesmente fascinante, Anna.

— A filosofia do Líder Sem Status tem tudo a ver com democratização da liderança — continuou. — Nestes tempos memoráveis, cada pessoa pode se tornar líder no ambiente de trabalho e na própria vida. Esta é a primeira vez na história da humanidade que *cada um de nós* tem essa oportunidade. E só está acontecendo porque muitas das tradições nos negócios e na sociedade foram derrubadas.

— Demolidas, na verdade — contribuiu Tommy.

— É verdade, Tommy. E agora a liderança se tornou democratizada. Qualquer pessoa pode demonstrar liderança. É algo incrivelmente empolgante de se testemunhar, Blake: as pessoas despertando para o poder natural de liderar e cada um desenvolvendo uma melhor maneira de existir. Trata-se de uma época fantástica para fazermos negócios!

— Estou de fato começando a entender, Anna — comentei.

— Cada um de nós pode, agora, ser uma força individual e assumir responsabilidade por alcançar resultados excepcionais no trabalho e construir uma organização de nível mundial que contribuirá, também em nível mundial, com clientes, comunidades e com o amplo mundo além dela. *Ninguém* é irrelevante, Blake. Não existem pessoas supérfluas hoje em dia. *Toda* pessoa e *todo* emprego são importantes e todo trabalho pode ser significativo com essa filosofia. A propósito, você sabia que se com seu brilhante exemplo de liderança pessoal inspirar dez pessoas todos os dias a também dar o melhor de si mesmas, em quatro semanas terá influenciado positivamente e melhorado a vida de quase trezentas pessoas?

— Muito legal. Nunca pensei nisso. E certamente não preciso de um cargo importante para isso.

— Exato. E se continuar fazendo isso, em um ano terá impactado a vida de mais de três mil pessoas.

— Puxa!

— Espere, a coisa fica ainda melhor — prosseguiu Anna entusiasmada. — Em dez anos, praticando consistentemente a ser Líder Sem Status e influenciando dez pessoas por dia a ser excelentes graças a seu bom exemplo, terá tocado mais de trinta mil pessoas. E se cada uma delas, por sua vez, influenciar mais dez pessoas, você terá deixado sua marca em mais de *um quarto de milhão de pessoas* em uma *única década*. Sim, a sociedade me vê como uma simples arrumadeira que limpa quartos sujos. Mas eu me vejo como alguém que tem a responsabilidade de inspirar mais de um quarto de milhão de outros seres humanos a descobrir o poder natural de liderança que têm e, com isso, realizar a plenitude da humanidade que possuem. Isso, para mim, Blake, é muito mais que um emprego. É minha vocação. E nada na vida me faz mais feliz.

— Isso é realmente incrível. — Foi minha mais sincera resposta.

— E devo lhe dizer que acredito que o melhor avanço de qualquer organização, seja uma empresa, seja uma ONG, seja uma agência do governo, seja uma escola ou seja até mesmo um país, é aumentar o potencial de liderança de cada um de seus membros. A liderança não é apenas a vantagem mais competitiva das organizações; ela é, de fato, a ferramenta suprema em nossos dias, que deve ser usada se quisermos construir um mundo melhor.

O LÍDER SEM STATUS

— Mas, como disse Tommy, não podemos inventar desculpas se quisermos nos tornar líderes autênticos — disse ela de maneira enfática. — *Nenhum* líder excelente alcançou a plataforma elevada se apegando a desculpas cheias de medo. E, de modo geral, as pessoas que são peritas em criar desculpas geralmente *não são* peritas em nada além disso.

Meu pensamento se voltou para as duas covas que vira no início da manhã e para "Os dez arrependimentos humanos", ainda marcantes em minha memória. Assustava-me a ideia de chegar a meus últimos momentos de vida sabendo que morreria sem jamais ter de fato vivido. Anna sabia que suas palavras me atingiam bem fundo.

— Vítimas são pessoas que se apaixonam por desculpas do tipo "Não sou o dono nem o gerente aqui, por isso não posso fazer nada para melhorar as coisas", "Não sou tão inteligente assim, a ponto de gerar uma mudança diante de circunstâncias difíceis", "Não tenho tempo para fazer todas as coisas que poderia fazer para melhorar nossa empresa" ou "Tentei dar o melhor de mim, mas nenhuma das ideias funcionou". Ser vítima ou ser líder — repetiu Anna. — Ligue o interruptor e imprima a escolha mais sábia nas células de seu cérebro.

Então ela me conduziu até o banheiro com piso de mármore, cheio de luxuosos e sofisticados acessórios.

— Feche os olhos, por favor.

Fiz o que ela pediu.

— Não abra ainda, Blake — insistiu ela, ao notar que eu começava a levantar as pálpebras.

Ouvi o barulho de algo contra o espelho, mas atendi ao pedido dela e permaneci de olhos fechados.

— Pode olhar — instruiu com doçura.

Com batom vermelho, a palavra IMAGE fora escrita com letras de forma no espelho.

79

— O que significa isso, Anna? — perguntei. Aquela bela e incrivelmente observadora mulher, que se via como o Picasso da arrumação e encarava o trabalho que fazia como uma forma de arte, era cheia de surpresas.

— Eu e os outros professores que você conhecerá hoje vamos lhe passar um dos quatro princípios essenciais que compõem a filosofia do Líder Sem Status. Em seguida, lhe daremos cinco regras práticas em forma de sigla que o ajudarão a adotar os quatro princípios de maneira rápida e fácil. Assim, automaticamente você vai começar a alcançar resultados muito *magníficos* para si. Que tal?

— Parece ótimo.

— Animado?

— Super — respondi, entusiasmado.

— Ótimo. Então, sem mais delongas, deixe-me lhe revelar o primeiro princípio. Já o abordamos, mas preciso passá-lo do modo como foi originalmente formulado, em uma lei formal: *Você não precisa de um cargo alto para ser líder.* Sei que você já entendeu isso, mas esse é o princípio, resumido em uma linha.

— Certo — disse eu, grato.

— As cinco regras que eu vou lhe revelar para ajudar a lembrar que não é preciso ter um cargo importante para liderar podem ser resumidas na palavra inglesa IMAGE. Essas cinco letras representam o algoritmo elusivo de liderança. Trabalhe e viva segundo esse código pouco conhecido que esmiúça o que de fato é liderança e você alcançará resultados magníficos, garantidos.

— Mal posso esperar para aprender, Anna. Você está dizendo que, para uma pessoa demonstrar ser Líder Sem Status, basta seguir essas cinco regras?

— Isso mesmo, Blake. IMAGE é de fato o algoritmo elusivo da liderança — repetiu. — Já passamos bastante tempo falando sobre

O LÍDER SEM STATUS

por que se tornar um líder nestes dias de incrível dinamismo e incerteza radical. IMAGE explica *como*, em cinco passos. Se você tinha curiosidade sobre como exercer liderança, aqui vai, da maneira mais simples e poderosa.

— Sou todo ouvidos.

— A letra I, de IMAGE, faz com que você se lembre da importância da inovação. Vivemos no que às vezes chamamos de "Nação Remake". Os Estados Unidos são um país magnificamente criativo, sendo responsável por muitos dos maiores avanços mundiais e pelas melhores invenções. Mas muitas pessoas de negócios daqui perderam a centelha natural para a inovação genuína. Paramos de exercitar a imaginação além do normal. Deixamos de lado nosso anseio por criatividade e nosso impulso de ser diferentes. Veja as refilmagens de filmes antigos ou as regravações de músicas ultrapassadas e entenderá aonde estou querendo chegar. As pessoas hoje em dia têm muito medo de ser originais, por isso, na esperança de se manter seguras, tentam dar nova embalagem a uma fórmula que fazia sucesso algum tempo atrás. Essa, no entanto, é uma estratégia empresarial tola. A inovação *sempre* supera aquilo que podia funcionar no passado. Fazer o que dava certo um ou dois anos atrás, considerando as condições absolutamente imprevisíveis em que trabalhamos hoje, é uma forma rápida de criar problemas. Clientes e todas as pessoas à sua volta querem valor *original* e *novas* formas de excelência, não uma embalagem nova para produtos velhos. Algo ousado que pode fazer quando voltar à livraria é se empenhar em progredir diariamente, sem hesitar. Todos os Líderes Sem Status vivem trabalhando a mente e aprimorando as habilidades, sempre se perguntando: "No que posso melhorar hoje?" Eles têm profundo comprometimento em deixar tudo o que tocam melhor que quando encontraram e em se reinventar ao longo do caminho. Essa é a essência da inovação, Blake. "Inovação" parece algo complexo, mas, na verdade, é apenas a constante prática de deixar tudo melhor que quando foi encontrado. Aliás, a melhor definição de inovação e habilidade criativa é fazer com que hoje seja *melhor* que ontem.

— Gostei. Que hoje seja melhor que ontem. Minha carreira só poderá atingir as alturas se eu me empenhar para que isso aconteça — arrisquei.

— Essa é a ideia, Blake — interveio Tommy, que tinha acabado de acordar de um cochilo no sofá. — Sua carreira também vai decolar quando você se comprometer a ser o oposto de comum em tudo o que fizer. Seja um visionário. Veja o futuro em um cenário profissional no qual a maioria das pessoas permanece presa ao passado. E não tenha medo de acabar com a rotina. Repense incessantemente seu estilo de trabalho. Faça a si mesmo perguntas do tipo: "Como posso aumentar minha produtividade?", "Como posso trabalhar mais rápido?" e "Como posso impressionar meus clientes ainda mais?" Coloque-se regularmente na posição dos compradores e experimente como é fazer negócio com você. Depois leve a experiência a um nível completamente novo de classe e qualidade internacional.

— Acorde *todas* as manhãs pensando que cada coisa que for fazer será realizada de forma um pouco melhor do que foi ontem — acrescentou Anna. — Desenvolva a mentalidade da inovação. Que seu pensamento se volte sempre para fazer do presente algo melhor que o passado. Lembre-se também de que se não buscar a excelência e a inovação motivadora, a mediocridade o alcançará. Evite o que chamo de praga da mediocridade, aquela sutil e perigosa queda em direção ao comum, à média, que contagia seu trabalho sem que você perceba. Assim como o crescimento é gradual e invisível, cair no comum também é, como Tommy acabou de sugerir. Por isso, comprometa-se sempre a reinventar as coisas e a aprimorar tudo o que você faz. Sem inovação, a vida está *morta*. E só os valentes sobrevirão aos nossos tempos. Desafie-se a ver as coisas como sonha em vê-las. E seja, de fato, aquele visionário que meu belo amigo aqui mencionou. Seu líder interior anseia por ser um visionário, sabia?

— Obrigado, querida — disse Tommy, risonho.

— Devo também acrescentar que o melhor modo de aprimorar seu trabalho e a organização para a qual trabalha não é por meio de uma revolução — comentou Anna.

— Revolução? — questionei, sem muita certeza sobre o rumo da conversa.

— Quero dizer que a melhor forma de alcançar seu próximo nível de excelência no trabalho não será por meio de alguma ideia revolucionária ou iniciativa radical. Grandes carreiras e grandes negócios são construídos por meio da *evolução*. Por meio de lentas e constantes melhorias, que não parecem grande coisa se vistas de maneira isolada. Com o tempo, porém, essas melhorias pequenas, graduais, evolucionárias, se acumulam em ganhos enormes. Ondas diárias de desempenho superior criam, com o tempo, um maremoto de sucesso *estrondoso*. Por favor, lembre-se de que desenvolver o melhor de sua liderança consiste, basicamente, em dar alguns passos sábios a cada dia, que após certo tempo evoluem até atingir uma conquista inimaginável.

— Tommy mencionou isso no cemitério — disse eu. — É uma grande ideia, Anna. E faz com que eu me sinta capaz de realizar as mudanças necessárias, pois a única coisa que preciso fazer é começar com pequenos passos e depois melhorar cada dia. Qualquer pessoa pode fazer isso, seja como for a vida e a carreira de cada uma no momento atual.

— Sonhe alto, ainda que o começo seja pequeno, Blake. Esse é o segredo. E comece agora, exatamente na posição em que se encontra. Falei com Tommy sobre a ideia dos ganhos progressivos diários anos atrás, e fico muito feliz ao ver que ele está passando isso a você. Porque essa ideia é muito importante no que diz respeito às pessoas que estejam prontas para realizar mudanças. Pequenos passos geram, com o tempo, grandes resultados. E o fracasso, por sua vez, surge de atos diários de negligência, que com o tempo se acumulam e levam ao desastre.

— Então, se eu der esses pequenos passos cada dia, vou alcançar o sucesso? — perguntei, buscando a confirmação de Anna.

— Sem dúvida. O sucesso virá *automaticamente*, só por executar com regularidade esses pequenos avanços. Lembre-se simplesmente desta frase: *pequenas* melhorias diárias geram, com o tempo, resultados *estonteantes*. Chamo isso de efeito multiplicador. Praticar diariamente pequenos atos inteligentes acelera, com o passar do tempo, um estado de sucesso inimaginável. É mais ou menos como uma caderneta de poupança. Se, quando jovem, você faz pequenos e aparentemente insignificantes depósitos todos os dias, acaba um dia, pela mágica dos juros, enriquecendo. Quando isso se refere à liderança de alto desempenho e à expressão do que há de melhor em você, a mesma coisa acontece. *Pequenos* atos de liderança renderão consequências *magníficas*. E como eu disse em relação à inovação, a ideia principal é dedicar-se a ser consistente, focado e a se aperfeiçoar constantemente. Apenas não caia no hábito tão próprio da natureza humana: a condescendência. Na verdade, quanto mais bem-sucedido você se tornar, maior deve ser seu apetite — não apenas como pessoa, mas também na organização. Nada leva mais ao fracasso que o sucesso, porque, quanto mais alto você sobe, mais fácil é desacelerar,

O LÍDER SEM STATUS

deixar de contestar o status quo, perder o foco. Lógico, faz parte da natureza humana tentar alcançar um ponto em que as coisas não mudem, no qual podemos relaxar e tudo está garantido. Isso nos dá uma sensação de controle e segurança. Mas eu lhe digo, Blake, trata-se de uma falsa segurança. No novo mundo dos negócios, a situação mais arriscada é tentar fazer as mesmas coisas do modo como sempre foram feitas. *Nada* é mais tolo que esperar que *velhos* comportamentos gerem *novos* resultados.

— Por quê?

— Porque significa que você não está inovando. Não está fazendo sua parte para melhorar as coisas. Não está criando valor superior. O que, por sua vez, significa o seguinte: em vez de evoluir alcançando níveis cada vez mais altos de excelência, você está mergulhando mais a fundo em antigos padrões de estagnação. E é aí que a concorrência o engole — observou Anna, parecendo surpreendentemente poderosa nesse momento. — Opte por inovação em vez de estagnação, e você se sairá muito bem neste mundo maluco dos negócios de hoje. Escolha o risco calculado, e não agir pelos modos antigos, e você se dará muito bem. Na verdade, se dará maravilhosamente bem.

— Entendi. Faz todo sentido. E o que significa o M em IMAGE? — perguntei.

— Maestria — disse Anna. — Almejar a maestria em tudo o que fizer. Maestria na carreira, seja você vendedor de grampo, seja professor de educação infantil, é o único padrão a seguir nestes tempos ricos em mudança. Se fizer menos que isso, ficará para trás. O comediante Steve Martin definiu a situação muito bem quando disse: "Seja bom a ponto de as pessoas não serem capaz de ignorá-lo."

— Isso é ótimo. Eu sempre gostei de Steve Martin. E é inspirador saber que, quando eu desenvolver o melhor de minha liderança,

85

mesmo que não tenha um cargo importante, não serei ignorado — comentei, sentindo uma onda de energia ao ouvir as palavras de Anna.

— Que bom ouvir isso, Blake. Olhe, se as pessoas a quem você serve e com as quais trabalha apenas *gostarem* de você, é provável que você não dure muito nesta era de intensa competição. Faça com que as pessoas o *amem*, o adorem, venerem o chão onde pisa, porque você é extraordinariamente bom naquilo que faz. E a única coisa que lhe garante isso é o padrão de maestria.

— Há algo nessa palavra que soa muito bem — acrescentou Tommy. Em seguida, enfiou a mão no bolso e tirou uma fotografia amassada do Monumento a Washington. — Veja isto, Blake. Uma maravilha arquitetônica! — prosseguiu Tommy. — As pessoas diziam que esta era uma estrutura que esse visionário não seria capaz de construir. Mas o arquiteto que o imaginou, Robert Mills, realizou o trabalho, a despeito de todas as expectativas contrárias. Líder é aquele que executa o trabalho, custe o que custar. Por isso, esta fotografia é meu lembrete diário para não prestar atenção alguma no que é negativo e simplesmente viver dedicado à maestria.

— *Nada* menos que o *melhor* de mim — lembrou Anna. — Para mim, maestria é isso, Blake. Eu o incentivo a ser um PMUM — disse, piscando para Tommy.

— Um PMUM? — perguntei, sem a menor ideia do que se tratava. Os dois riram.

— Acho que ele será um ótimo PMUM — comentou Tommy, não me dizendo qualquer coisa sobre a piada interna deles.

— Sem dúvida, Blake será um magnífico PMUM — riu ela, ainda me deixando de fora do pequeno mundo de segredo dos dois. Eles trocaram um hi-five, em sinal de aprovação.

— Alguém poderia, *por favor*, me dizer o que é isso? — pedi.

O LÍDER SEM STATUS

— PMUM é alguém dedicado a ser o Primeiro, o Maior, o Único e *o* Melhor. E nós dois achamos que você já está a caminho de ser um — explicou Anna, em um tom de voz enaltecedor, carregado de incentivo.

— Com certeza, Blake, o Grande — disse Tommy, com os olhos brilhando, irradiando em mim sua fé. De repente, ele começou a tossir descontroladamente. O rosto perdeu a cor e os olhos pareciam sem brilho.

— Você está bem, Tommy? — gritou Anna, correndo para o lado dele. Tomou-lhe uma das mãos, com o rosto preocupado. Percebi que estava assustada. Também corri para perto dele, me ajoelhando ao seu lado e lhe dando uma garrafa de água.

— Está começando, não está? — perguntou ela, com a voz trêmula. — Você disse que ainda demoraria muito, Tommy. Você me prometeu que isso não aconteceria logo.

— Estou bem — disse ele com autocontrole, recobrando a compostura e se sentando de maneira ereta. — Foi apenas uma tosse. Não há nada com o que se preocupar. Agora podemos voltar à questão de construir o Líder Sem Status à nossa frente? O tempo está passando. Eu estou bem — insistiu.

— Está mesmo? — perguntou Anna, ainda preocupada.

— Estou, sim — confirmou Tommy, pigarreando enquanto olhava pela janela.

— Certo. Então, Blake — continuou Anna, se esforçando para esquecer o que havia acontecido e retomar nossa conversa sobre a importância da maestria para o trabalho. — O ponto de partida para desenvolver a maestria é elevar as expectativas em relação a si próprio. Comprometa-se consigo mesmo a ser o Primeiro, o Maior, o Único e absolutamente o Melhor. Espere mais de si mesmo do que aquilo que os outros esperariam. Jogue nos grandes campeonatos, Blake! Voe até a fina camada de ar rarefeito. A maioria das pessoas estabelece padrões baixos para si mesmas. Visam a tão pouco, e tristemente é só o que conseguem obter. Você vai ver que não terá muita companhia, quando percorrer aquele quilômetro extra na corrida.

— Você está sugerindo que é mais fácil trabalhar tendo em vista a maestria do que o comum, Anna? — perguntei, expressando meu pensamento em voz alta.

— É uma ótima maneira de expressar a ideia, Blake! Sim, é exatamente isso o que estou dizendo. Há bem menos concorrência nesse quilômetro extra, porque pouquíssimas pessoas ao menos acreditam que podem alcançá-la e menos pessoas ainda se comprometem com a maestria. Portanto, como você diz, acaba sendo muito mais *fácil* chegar lá.

— Acho que a maioria tem medo de estabelecer metas elevadas, ambiciosas, e depois fracassar — sugeri.

— Correto, Blake. Mas de que adianta jogar se você não acredita que pode vencer? Eu recomendaria que você adotasse o padrão de ser MDM no trabalho e na vida.

— MDM? Não faço ideia do que seja, Anna — disse eu. — Caramba, como vocês gostam de siglas, hein?

— Eu sei — concordou ela. — Elas acabam nos viciando depois de um tempo, Blake. E acabam criando uma linguagem própria de liderança que os Líderes Sem Status começam a usar para conversar. Enfim, MDM significa Melhor do Mundo. Em meu trabalho aqui neste hotel, vivo me fazendo uma pergunta poderosa de autotreinamento: "O que a melhor pessoa do mundo faria neste momento?" Quando encontro a resposta, me redireciono imediatamente e me empenho em fazer só aquilo que produzirá os melhores resultados e o maior impacto. Minha meta aqui, todos os dias, é ser a melhor do mundo em minha arte de arrumar quartos. E é assim que cada vez mais me aproximo da maestria — admitiu Anna, confiante.

— Você realmente encara seu trabalho de arrumadeira como uma arte, não?

— Completamente. Para mim, *é* uma arte. E por isso o aperfeiçoo a cada dia, para me aprimorar e alcançar mais de meu talento oculto. Vivo me desafiando para superar meu desempenho de ontem. Sou muito dedicada a obter a maestria na arrumação de quartos. É uma ideia que me motiva! Aliás, devo dizer que ser extraordinário no próprio trabalho é um dos verdadeiros segredos da felicidade!

— Sério?

— Sem dúvida. Poucas coisas são *tão* agradáveis quanto o orgulho de sentir que você realizou um trabalho com maestria. E realizar um trabalho de primeira linha também faz parte do propósito da vida, sabia? — disse Anna, parecendo um tanto filosófica.

— Como? — perguntei com grande interesse, já que havia encarado tantas batalhas pessoais nos últimos anos porque não encontrava propósito na vida.

— O trabalho lhe oferece uma plataforma diária para revelar seu líder interior. É uma chance, no dia a dia, de aproveitar mais o potencial que você enterrou e *despertar* o relacionamento adormecido entre o que é hoje e seu melhor absoluto. Trata-se de uma oportunidade de expressar mais seu potencial criativo e muito mais sua valiosa humanidade. E apresentar mais de seu verdadeiro talento e genialidade às pessoas à sua volta, ajudando-as de maneira especial, certamente é o propósito da vida. E é por isso que digo: realizar um trabalho de primeira linha faz parte do propósito central da vida.

Fiquei em silêncio. Olhei para Tommy, que ainda parecia incomodado, embora mantivesse uma expressão sábia. Ele assentia com a cabeça, concordando com as palavras de Anna. Nesse momento, percebi que o trabalho realmente não é um mero jeito de passar o tempo e pagar as contas — é uma dádiva. E um modo espetacular de ter acesso ao melhor de minha liderança e, com isso, não só me tornar um ser humano mais feliz, mas também fazer do mundo um lugar melhor.

— Ah, devo confirmar também, caso haja alguma dúvida, que cada um de nós tem o potencial de ser talentoso no que fazemos. A maioria não acredita nessa verdade. Mas crenças nada mais são que *pensamentos* que repetimos inúmeras vezes, até que os transformamos em *verdades pessoais*. E o triste é que toda crença inevitavelmente se torna uma profecia fadada a se cumprir. Se você pensa que algo é possível ou impossível, sem dúvida está certo. Porque a sua crença determina o seu comportamento. A verdade é que cada um de nós possui um talento puro interior. Mas erguemos obstáculos entre quem somos e quem deveríamos ser. Obstáculos, como nossas crenças limitadas a respeito de nossas habilidades, e barreiras, como todas as distrações diárias com as quais preenchemos a vida, que no fim não nos levam a parte alguma. Uma de suas melhores ações é remover metodicamente todas as muralhas entre você e seu talento e, com isso, se tornar mais próximo do que há de melhor em seu ser.

Anna prosseguiu, e a voz dela demonstrava cada vez mais entusiasmo.

— Um elemento-chave da busca por sua melhor liderança é ficar mais atento àqueles momentos em que seu talento natural se mostra de maneira mais aberta. Viva para esses momentos, e passará a experimentá-los mais e mais. E a propósito, Blake, se de fato reconhecesse como você é fantástico, provavelmente entraria em choque, e assim permaneceria por alguns dias. Todas as pessoas, exceto as mais grandiosas, renegam o brilho que habita em seu íntimo e enterram o gigante criativo que é sua verdadeira natureza. As pessoas não trabalham nem vivem na média por ser medianas. Comportam-se dessa forma porque se esqueceram de quem realmente são. Acreditaram nas falsas ideias que os indivíduos à volta lhes passaram e começaram a se ver como "não especiais" e "não talentosas". E como se enxergam assim, também agem como se isso fosse verdade. Lembre-se, Blake, você *nunca* se comportará de um jeito que seja diferente de sua autoimagem. Suas escolhas de pensamentos determinam os resultados de seu desempenho. Sua arquitetura mental e o modo como processa as condições exteriores o elevarão à maestria ou o farão afundar na mediocridade. Portanto, veja a si mesmo como nada menos que brilhante.

— Porque acreditar que não sou "fantástico" e me considerar incapaz de alcançar a maestria se torna uma profecia fadada a se cumprir, certo? — perguntei.

— Certo — disse Anna. — As pessoas de sucesso têm padrões de pensamento voltados para o sucesso, e os melhores líderes mantêm hábitos requintados de liderança. Diversos estudos confirmam que são necessárias mais ou menos dez mil horas para se tornar mestre em alguma coisa.

— Nunca soube disso, mas parece intrigante — comentei. — Fale-me mais sobre isso.

— A primeira vez que li a respeito foi em um artigo na *Harvard Business Review*, intitulado "The Making of an Expert", e é uma ideia poderosa. Era sobre como os maiores realizadores, em áreas que variavam de atletismo a música, alcançam excelentes resultados. O artigo revelava que todos os grandes experts têm uma coisa em comum: investiram aproximadamente dez mil horas aprimorando suas habilidades. O ponto de aprendizado para nós, nisso, é que cada pessoa tem potencial para atingir a maestria no trabalho que realiza. Mas geralmente é preciso dez mil horas de esforço concentrado e prática deliberada em uma atividade específica para se alcançar a posição MDM.

— Melhor do Mundo — afirmei, lembrando o significado da sigla de Anna.

— Sim, Blake. Os melhores golfistas do mundo dedicaram dez mil horas para melhorar o desempenho deles no esporte, até atingir o ponto máximo. Os melhores cientistas do mundo mergulharam nos estudos por mais ou menos dez mil horas, e foi essa devoção que os levou a ser tão brilhantes. Os melhores artistas do mundo passaram quase dez mil horas severamente concentrados no exercício de suas habilidades, e tamanha foi a intensidade da ação que atingiram um ponto em que agem com genialidade. Portanto, tempo e concentração, *juntos*, geram maestria. Todos nós, na condição de Líderes Sem Status, temos a habilidade de alcançar esse lugar aparentemente inalcançável. Infelizmente, a maioria não só não acredita nisso, como também não se dá o tempo necessário para alcançar tal meta.

— Percepções muito úteis, Anna.

— Obrigada pelo apreço, Blake. Se mais pessoas tivessem noção de como podem ser grandiosas, as empresas, as comunidades e as nações, todos os tipos de organização, operariam em níveis muito mais altos de desempenho. A questão é esta: dez mil horas em uma vida normal, com horas de sono e algum tempo ao lado de pessoas e atividades diárias, equivalem a dez anos. Portanto, a ideia de dez mil horas pode muito bem ser chamada de Regras dos Dez Anos. É preciso se concentrar por dez anos naquele trabalho no qual se deseja atingir a maestria. Essa é a fórmula pouco conhecida para o

O LÍDER SEM STATUS

sucesso genuíno de primeira linha: dez anos de esforço concentrado e prática persistente. Mas quantas pessoas estão dispostas a isso, neste mundo acelerado em que vivemos? Todos querem as recompensas imediatamente. A maestria, porém, exige tempo, esforço e paciência. E muitas pessoas não têm esse comprometimento, ou desistem cedo demais. E depois não entendem por que nunca se tornaram estrelas maiores no trabalho.

— E, em vez de assumir a responsabilidade pela falha, inventam desculpas e culpam o chefe, a competição do mercado, os colegas de trabalho ou os tempos turbulentos em que vivemos — acrescentei.

— Isso mesmo, Blake. Ou culpam os pais, a vida que tiveram, ou o clima. Interessante como os seres humanos protegem a si mesmos e, com isso, se autodestroem. O único clima que importa é o que está dentro de você. E a única economia que importa é a que se encontra entre suas orelhas.

— Entendo perfeitamente, Anna. No fim, cada um de nós é responsável pela maneira como reage ao ambiente em que se encontra. Podemos escolher uma resposta deslumbrante para todo e qualquer cenário. Ou podemos nos contentar com a média e atolar no negativo. E, além das desculpas que inventamos, também nos deixamos distrair por um milhão de coisinhas que, no fim, não servem para nada.

— Sim, e essa é outra tática que devemos evitar, se quisermos enfocar e investir tempo na maestria. A procrastinação é apenas mais uma forma de medo. Mas veja os atletas profissionais: passaram as melhores horas dos melhores anos da vida fazendo os sacrifícios necessários para ser MDM. Levantaram cedo, treinaram incessantemente, praticaram de maneira feroz. Enquanto outros assistiam à televisão, eles estavam ligados nos vídeos de jogos. Enquanto outros comiam pizza, eles comiam salada. Enquanto outros estavam na caminha quentinha, eles corriam no frio. Eles estavam dispostos a fazer tudo isso pela chance de alcançar a grandiosidade. Para atingir o pico de genialidade e realizar cada vez mais o melhor de si em liderança. Pegue qualquer estrela. Todas elas têm algo em comum. Concentraram-se por mais de dez anos em ser realmente boas naquilo que fazem. Pagaram o preço pelo sucesso. Fizeram o *necessário* para executar o trabalho. E agora o mundo as chama de "especiais" ou "superdotadas". Mas não é nada disso! — exclamou Anna. — *Todos nós* temos essa capacidade em nosso interior. Poucos têm a percepção e a disciplina para exercê-la. E, por isso, passam a vida imersos na mediocridade. Triste, não é? — perguntou ela, enquanto deslizava o dedo sobre uma toalha de mesa para verificar se havia poeira.

— Muito — concordei. — É um tremendo desperdício de talento humano. E todas essas informações novas me permitem, de fato, encarar meu trabalho na livraria por outro ângulo. Ouvir isso tudo e perceber como você enxerga seu trabalho neste hotel foi um salto enorme para mim. Agora entendo que tenho o potencial para ser *puro talento* na venda de livros.

— Cuidado aí, amigão — disse Tommy, de maneira afetuosa. — Parece que você está planejando me derrubar do pedestal e ganhar a viagem para Aruba e mais uma bolada de dinheiro...

— Na verdade, Tommy, é isso mesmo que estou pensando — respondi, e apenas parte disso era brincadeira. — Desde que voltei da guerra, não tenho meta alguma. Não tenho mais senso de direção em minha carreira. Não havia nada que me desse ânimo para sair da cama de manhã e acender a chama da maestria dentro de mim. Sinceramente, Anna, você ligou o interruptor aqui dentro. Muito obrigado.

— É um grande prazer, Blake, o Grande. Só espero que, por favor, conte a todos sobre a filosofia do Líder Sem Status. E lembre-se tam-

O LÍDER SEM STATUS

bém de que todas essas ideias precisam ser postas em prática *instan-taneamente*, se você quiser alcançar resultados excelentes. As ideias são, no fim das contas, *inúteis* se não as colocar em prática por meio de ação focada e constante. Os melhores líderes *nunca* abandonam uma nova ideia sem fazer algo, ainda que pequeno, para impingir nova vida a ela. Muitos indivíduos têm boas ideias. Mas os mestres se tornam mestres porque têm a coragem e a convicção de agir com base nessas ideias. "Uma ideia poderosa é absolutamente fascinante e completamente inútil se não a usarmos", escreveu Richard Bach. O que *de fato* gera a grandiosidade é a ação incandescente em torno de ideias quentes. Uma ideia genial, sozinha, não tem valor algum. O que a torna preciosa é a qualidade e a velocidade de execução em torno dela. Na verdade, até uma ideia medíocre executada com excelência é melhor que uma ideia genial mal realizada. Começar alguma coisa, seja uma nova iniciativa que vá melhorar sua empresa, seja ajudar um colega que antes era seu concorrente, é um passo muito inteligente. Sim, esse primeiro passo é o mais difícil. Mas, uma vez dado, os outros ficam mais fáceis. E cada próximo passo positivo gera outra consequência positiva. Comece agora a fazer o que deve ser feito para levar seu trabalho e sua vida ao destino que você sabe que é capaz de atingir. Chamo esse conceito de coragem do início, pois começar é realmente a parte mais difícil. O começo é metade da batalha. Exige toda vontade e força interior. Depois fica mais fácil. Pequenos passos consistentes para criar o *momentum*. Com o tempo, pequenas ondas diárias de excelência se tornam um *tsunami* de sucesso. Toda ação tem uma consequência. As coisas começam a progredir, portas que você nem imaginava existir começam a se abrir para você. O sucesso é como um jogo de números. Quanto mais ação realizar, mais resultados você verá.

ROBIN SHARMA

— Lembro-me de ter lido em algum lugar que o ônibus espacial usa mais combustível nos três primeiros minutos após a decolagem que durante toda a viagem ao redor da Terra — observei.

— Ótima metáfora, Blake — disse Anna, animada. — O primeiro passo realmente é sempre o mais difícil, porque você está lutando contra as forças de seus velhos hábitos e pensamentos. Nenhum ser humano gosta de mudança; nós amamos a previsibilidade. Por isso, qualquer coisa nova nos assusta e coloca nossos sistemas internos em graus variados de caos e confusão. Mas você não atinge a maestria se não estiver disposto a agir para impulsionar as coisas. Uma ferramenta prática é aquilo que chamo de "Os cinco atos diários". Imagine-se fazendo cinco pequenos mas importantes atos focados todos os dias, que o deixarão mais próximo das suas metas mais importantes.

— Eu posso facilmente dar cinco pequenos passos diários — admiti.

— Aí está a beleza desse conceito, Blake: todo mundo pode dar esses passos. As grandes mudanças assustam, mas qualquer pessoa pode dar conta de cinco pequenas metas por dia. E as pequenas melhorias diárias, com o tempo, geram resultados estonteantes. Em um mês, são mais ou menos 150 metas alcançadas. E, em 12 meses, você terá atingido quase duas mil metas! Imagine seu nível de autoconfiança em 12 meses se realizar quase duas mil metas. Imagine como serão seus próximos 12 meses, não só em seu trabalho na livraria, mas também em relação à sua saúde, aos seus relacionamentos e a outras áreas-chave da vida quando alcançar dois mil pequenos porém orientados e significativos resultados.

— Minha vida toda será diferente — concordei de imediato. Sentia-me inspirado pelo que estava ouvindo. Eu *era capaz* de fazer aquilo.

O LÍDER SEM STATUS

— Será mesmo, Blake. E você merece viver uma vida de sucesso e felicidade. Merece trabalhar e viver de maneira que expresse absolutamente o que há de melhor em você e que o faz se sentir importante das mais maravilhosas maneiras. O que elegantemente nos conduz ao A de IMAGE.

— O que significa?

— Autenticidade. O velho modelo de liderança, como mencionei, tinha muito a ver com o poder que se obtém da autoridade de uma posição e com a influência que se consegue com um cargo importante, como você tão bem aprendeu. Mas neste radicalmente novo período dos negócios, sua habilidade para exercer impacto e prestar contribuição tem mais a ver com aquilo que se é como pessoa e não com a autoridade que se recebeu de uma colocação em um organograma. *Nunca* foi *tão* importante ser digno de confiança. *Nunca* foi *tão* importante ser alguém respeitado pelos outros. *Nunca* foi *tão* importante cumprir as promessas que são feitas a colegas e clientes. *Nunca* foi *tão* essencial ser autêntico. Devo acrescentar também que *nunca* foi *tão* difícil demonstrar autenticidade, por causa de toda a pressão social para que você seja igual a todo mundo. A mídia, os colegas e o mundo à nossa volta nos bombardeiam com mensagens cujo intuito é nos fazer viver os valores deles, não os nossos. Há uma enorme pressão para que você se comporte como a grande maioria. Mas a liderança requer que você tape os ouvidos para essas vozes e, dessa maneira, consiga ouvir melhor a missão e o chamado dentro de você. Isso me faz lembrar das palavras do Dr. Seuss: "Seja quem você é e diga o que sente, pois aqueles que se incomodam não são importantes e aqueles que são importantes não se incomodam." Isso é autenticidade, Blake. É sentir-se realmente seguro e aprender a confiar em si mesmo, trabalhando segundo valores próprios, ex-

97

pressando sua voz original e permitindo que o melhor em você aflore. É saber quem é, o que quer e ter a coragem de ser você mesmo em todas as situações, não só quando for conveniente. É ser real, coerente e congruente, de modo que aquilo que se é por dentro reflita no desempenho exterior. E ser autêntico e verdadeiro consigo mesmo significa realizar seu potencial e trabalhar com todo o seu fulgor, porque, na realidade, você é isso.

Então Tommy falou:

— E o grande pensador Ralph Waldo Emerson nos lembra do seguinte: "Ser você mesmo em um mundo que vive tentando fazer com que você seja outra coisa é a maior de todas as realizações."

— É verdade, Tommy — concordou Anna, assentindo com a cabeça. — Está se sentindo melhor? — perguntou, atenciosa.

— Perfeitamente — respondeu Tommy, checando o horário no relógio com a figura do Bob Esponja.

Anna sentou-se no sofá ao lado de Tommy. Ele pôs o braço em volta dela.

— Em minhas horas de folga, leio muitos livros de negócios. Recebo muitos deles nos treinamentos de que participo. Lembro-me de ter lido um de Jack Welch, no qual há uma frase que nunca esqueci: "Não se perca no caminho até o topo." Warren Buffett também deixou isso bem definido quando disse: "Nunca haverá um você melhor que você." E, em outro campo, Oscar Wilde observou: "Seja você mesmo. Todos os outros já existem." A autenticidade é uma das coisas mais profundas que os Líderes Sem Status exemplificam. Quase nada é tão poderoso quando se trata de ser um líder interessado em influenciar positivamente todos à sua volta quanto o fato de ser uma pessoa bem resolvida, que se apresenta *plenamente* como é — explicou Anna, entusiasticamente.

O LÍDER SEM STATUS

— Então, ser autêntico não se resume a ser digno de confiança, permanecer fiel à minha missão e valores e falar com sinceridade. É evidente que ser autêntico também significa realizar todo o meu potencial e reconhecer todo o talento que, pelo que você diz, existe em mim — reiterei, prestando muita atenção no que estava aprendendo.

— Pois é, Blake. Ser autêntico não significa apenas ser honesto com os próprios valores. Significa ser verdadeiro e honesto com seus talentos. Quando você vai ao trabalho diariamente e apresenta o que tem de melhor em termos de liderança, esse é um exemplo soberbo de autenticidade em ação e de alinhamento. Reconheço uma pessoa autêntica a um quilômetro de distância. Sinto cheiro de sinceridade e percebo honestidade. E a paixão desses indivíduos pela grandiosidade toca meu anseio por grandiosidade. E, com isso, me identifico com eles, Blake. Quando você se permite ser franco, real e brilhante na presença dos outros, dá a eles também a permissão de ser *da mesma forma* na sua presença. Só por estar ao seu lado, eles se sentem seguros e heroicos. Começam a relaxar e a se abrir. A confiança aumenta e coisas incríveis começam a acontecer.

Anna fez uma pausa, tomou um gole do café de Tommy e comeu um pedaço de chocolate.

— O grande Michael Jordan, astro do basquete, disse: "Autenticidade significa ser verdadeiro consigo mesmo, ainda que todo mundo à sua volta queira que você seja outra pessoa." Lembro-me de ter lido a autobiografia dele quando ainda vivia em Buenos Aires. Uma pessoa extraordinária, um atleta magnífico. E apresenta um ponto-chave: você deve ter comprometimento com sua missão, seus valores e a plena expressão de seu líder interior; mesmo quando as pessoas duvidam de você, quando dizem que você vai fracassar ou sugerem que você não é suficientemente bom, mantenha-se firme e forte, não deixe que elas o derrubem. Porque a liderança tem muito a ver com acreditar em *si mesmo* quando *ninguém mais* acredita.

— Você gosta do Jordan? — perguntei, um pouco surpreso pelo fato de aquela linda arrumadeira argentina ser fã do astro do basquete.

— E como — assentiu Anna. — E ele é mais bonito que o Tommy.

— Não tem graça — replicou Tommy, fingindo irritação. Arrumou a gola e simulou arrumar o cabelo, em uma tentativa de nos entreter. Anna e eu nos entreolhamos e rimos.

— E Bono, vocalista do U2, falou da importância da autenticidade neste novo mundo com as seguintes palavras: "Abandone seu ego, seja você e ninguém mais. Você é lindo do jeito que é."

— Esplêndidas palavras — admiti.

— Você é muito linda, Anna — interveio Tommy, rapidamente.

— Obrigada, meu bem — replicou, graciosa. — Lembre-se apenas de que, quanto mais você alimentar seu ego, que nada mais é que sua parte artificial, construída para receber aprovação da maioria, e perder de vista quem você é em sua essência, mais faminto ele se tornará.

— Então, nosso ego é nossa parte social que cresceu à medida que tentávamos nos tornar quem o mundo queria que fôssemos, em vez de sermos quem realmente somos — afirmei.

— Exatamente, Blake. Lembro-me de ter lido uma história sobre um estudante que certo dia esbarrou na rua com um sábio ancião da comunidade em que ele vivia. O jovem admirava o ancião não só pelas realizações obtidas, mas também pela força de caráter. E então perguntou ao homem se alguma vez ele tivera pensamentos de fraqueza e se cedia à sedução do ego, que deseja controlar nossa vida por meio de atrações superficiais, como cargos importantes e status social. O ancião respondeu: "Lógico que tenho pensamentos de

O LÍDER SEM STATUS

fraqueza, e meu ego tenta me desviar do caminho todos os dias. Isso acontece porque sou humano. Mas também tenho meu lado autêntico, que é minha natureza essencial e tudo o que realmente sou. Essa parte de mim cria pensamentos nobres e corajosos e me mantém na trilha certa, para que eu me torne o melhor de mim mesmo. É como se eu tivesse dois cães em meu interior. Um bom, que quer me levar aonde eu sonho ir, e um mau, que quer me tirar de meu caminho ideal." "E qual dos dois ganha?", perguntou o jovem estudante. "É fácil", respondeu o ancião. "Aquele que alimento mais."

— É uma ótima história — comentei, agora com total ciência da importância da autenticidade para a excelência na liderança.

— Os Líderes Sem Status deixam o ego em casa antes de sair para trabalhar. Em vez de se tornar escravos, obcecados por objetivos como um escritório maior e um salário mais alto, ditados pela sociedade, voltam o foco total e suas magníficas capacidades para a execução do melhor trabalho possível, fazendo grande diferença na vida dos colegas de equipe e clientes e construindo uma organização melhor. Em vez de definir o sucesso pelo que recebem, o definem por aquilo que dão. Isso não só os torna especiais aos olhos dos que os cercam, como também lhes dá um senso de realização e felicidade. Porque sabem que estão vivendo bem a vida, em busca de uma causa significativa.

Anna parou por um instante e olhou para o relógio.

— Desculpe-me, Blake, mas daqui a pouco preciso voltar ao trabalho. Deixe-me apenas terminar, dizendo o que significam as duas últimas letras de IMAGE. O G indica simplesmente a necessidade de ter garra no trabalho. Não é preciso ter um cargo importante para ser líder, mas é preciso ter muita fibra e bastante garra. Para ser um Líder Sem Status, você deve ser extremamente persistente e loucamente corajoso. Vai precisar ser mais ousado que o comum e arriscar muito mais. Não é tão difícil, como a princípio pode parecer. Cada um de nós tem, em seu âmago, um poço de coragem que mal começou a ser escavado. Todos queremos ser super-heróis de uma maneira ou de outra e ser capazes de prosseguir quando todos à nossa volta estão desistindo. Veja, Blake, o sucesso é mesmo uma loteria. E aqueles que se tornam os melhores e mais brilhantes líderes nos respectivos trabalhos são os que se convencem de que o fracasso não é uma opção. Muita gente já desanima de uma nova ideia que faria a empresa prosperar, ou de uma nova tática que deixaria a equipe mais unida, assim que se depara com a menor resistência. Mas a própria natureza da liderança implica que, quanto mais alto você sonhar e com quanto mais maestria agir, mais resistência enfrentará. Quanto mais você deixar sua zona de conforto na busca entusiasmada por suas montanhas de oportunidade, mais obstáculos encontrará na escalada. Empecilhos vão aparecer. As coisas vão dar errado. Os concorrentes vão tentar derrubá-lo. E mesmo as pessoas próximas a você tentarão desencorajá-lo. Aqueles que se apegam às antigas maneiras de fazer as coisas e temem mudanças dão as mãos e se tornam seus mais ferrenhos críticos. Dirão que você está fazendo algo errado, causando problemas e basicamente agindo de modo anormal. E, aliás, isso é verdade.

— Ah, é?

— Com certeza. Ter a coragem de enxergar oportunidades onde os outros veem desafios e antever as coisas de modo a aprimorá-las, enquanto os outros permanecem estagnados, são atitudes de um visionário. E a maioria das pessoas tem medo de avançar. Muita gente se sente ameaçada pela mudança que se faz necessária para que alcancem uma melhor versão de sua visão. As pessoas não conseguem abandonar tudo que conhecem e se libertar do apego ao modo como

O LÍDER SEM STATUS

as coisas sempre foram. Por isso, qualquer um que se comporte de um jeito diferente é chamado de "anormal". Porque a maioria das pessoas não consegue se libertar do passado e avançar, se tornando mais e fazendo mais. E, em vez de aplaudir o indivíduo que tem verdadeira garra e ímpeto de renovar, recriar e se destacar, a multidão o condena, ridiculariza, zomba e vocifera contra ele. A multidão se torna um crítico ferrenho. Mas, na verdade, trata-se de um mecanismo de defesa das pessoas que temem crescer. A crítica é a reação *defensiva* das pessoas assustadas para se *proteger* das mudanças.

— Puxa, essa é uma visão incrível, Anna — retruquei, compreendendo suas palavras.

— É verdade. O que estou sugerindo é que demonstrar a verdadeira liderança envolve atrair a atenção, e a condenação, dos críticos. Alguns ofenderão seu novo nível de pensamento de líder. Outros vão se opor ao seu compromisso entusiasmado de se superar. Muitos sentirão inveja de você. Mas como certa vez observou o arcebispo Fulton Sheen: "A inveja é o tributo que a mediocridade paga ao gênio."

— Continue, Anna! — exclamei, entusiasmado.

— À medida que fizer de tudo para alcançar melhores resultados e influenciar pessoas, você vai se deparar com obstáculos inevitáveis. Conforme for se destacando da multidão, seguindo padrões muito superiores aos que as pessoas lhe impõem, você vai enfrentar períodos de dúvida. Mas com fé na diferença que é capaz de fazer e com a crença no líder que você deve se tornar, você tem que superar o medo. Como sugeri antes, deve se comprometer de maneira entusiasmada com sua visão e ter a força de continuar expressando o que há de absolutamente melhor em você. Isso exige coragem e trabalho árduo. Exige um feroz poder de resolução, que todo homem e toda mulher que já chegaram lá anteriormente

ROBIN SHARMA

experimentaram. Você tem isso, Blake. Talvez agora seja a hora de usá-lo com seriedade.

— Concordo totalmente. Estou 100% com você nisso. O que significa o E em IMAGE, Anna? — perguntei, quando percebi que meu encontro com a primeira dos quatro professores estava chegando ao fim. Embora mal a tivesse conhecido, ia sentir falta dela; aquela orgulhosa e bela mulher, com espírito nobre, que carregava uma flor delicadamente posta nos longos cabelos pretos.

— Ética — foi a resposta. — Infelizmente se trata de uma questão que muitas pessoas no ramo dos negócios parecem ter esquecido nestes tempos conturbados e acelerados. Usam atalhos demais. Pensam apenas no dinheiro e em si mesmas. Afinal de contas, o que aconteceu com os bons costumes e a ética, lembrando que boa conduta é bom para os negócios? — perguntou Anna, em tom exasperado.

Tommy entrou na conversa novamente.

— Você *nunca* vai estar errado ao fazer a coisa certa, meu amigo — observou. — *Nunca*. Se há uma coisa que aprendi sobre o sucesso da liderança, é que ele reside no ponto em que excelência e honra se encontram.

— Meu avô falava muito de honra. Dizia que nada é mais importante do que ser honesto, altamente confiável, pontual e tratar as pessoas do modo como queremos ser tratados. Ainda me lembro da frase favorita dele: "O modo como você arruma seus lençóis é o modo como vai dormir em sua cama." Entendo que isso significa que a maneira como fazemos qualquer coisa é a maneira como faremos tudo. Uma única falha em nossa ética polui tudo o que tocamos — disse eu.

— Seu avô era um homem extremamente sábio, Blake — ressaltou Anna, de modo respeitoso. — Nada é mais precioso no trabalho que

O LÍDER SEM STATUS

seguir sempre seus valores e proteger seu bom nome. Em muitos e muitos aspectos, sua reputação é tudo o que você tem. Sugiro que nunca faça nada que possa manchar a arquitetura de integridade que vai estabelecer como Líder Sem Status. No fim das contas, as pessoas se concentrarão em você ou se afastarão, dependendo de sua reputação. Vivemos em um mundo fascinante. Como em nenhuma outra época, hoje em dia pessoas comuns podem atrair uma multidão ao redor delas. Com alguns toques do teclado, consumidores podem dizer ao mundo quem são, o que fizeram e o que querem. Diante dessa realidade, mantenha seu nome imaculado e preserve sua marca pessoal sendo impecavelmente ético. Já li sobre indivíduos que passaram quarenta anos da vida construindo uma grande reputação e uma empresa fantástica, e de repente tudo desmoronou por um passo impensado em um minuto de má decisão. Seja extraordinariamente honesto, Blake. Diga o que pensa e leve a sério o que diz. Seja ferozmente humilde. E prometa a si mesmo trabalhar com a força de caráter das pessoas que mais admira. A integridade sempre acarreta recompensas maravilhosas. Tenha a coragem de garantir que seus atos reflitam sua crença. E certifique-se de que sua imagem esteja em sincronia com sua fala. Acredite em mim quanto a isso, Blake. Por favor, confie em mim — insistiu Anna.

Ela se levantou do sofá e caminhou ao meu encontro. Abriu os braços e me deu um caloroso abraço. Em seguida, me deu dois beijos, um em cada bochecha.

— Foi um prazer conhecê-lo, Blake — disse Anna, acompanhando lentamente Tommy e a mim, enquanto saíamos do apartamento, nos dirigindo ao saguão e por fim à rua, sob o sol de outono. — Você é um bom rapaz, e não tenho dúvida de que realizará coisas grandiosas em sua carreira e na vida. Por favor, leve com você a filosofia de que não é preciso ter um cargo importante para ser líder. Todos podem liderar. E sempre começa com você e com as escolhas que tem o poder de fazer.

As palavras finais de Anna permaneceram comigo, enquanto Tommy ligava o Porsche e partíamos pelas ruas movimentadas do SoHo. Eu não tinha a menor dúvida de que algo profundo dentro de mim estava sendo radicalmente reerguido. E de que a pessoa que eu vinha sendo estava se transformando completamente. Além disso, eu estava acessando o conhecimento do que de fato é a verdadeira liderança. Não é um tipo de habilidade qualquer que se usa e depois se descarta para atingir uma meta de desempenho e ganhar alguma disputa motivacional. Liderança é muito mais que isso. É um modo de expressar o que há de absolutamente melhor em nós como seres humanos e de usar o líder interior que nos habita para elevar não só nossa vida, mas também a vida das pessoas ao nosso redor — desde nossos colegas de equipe até os clientes que temos o privilégio de servir. Eu começava a compreender, em um nível totalmente novo, que a liderança é realmente a mais importante vantagem de toda organização de nível mundial, a fonte de toda grande realização e a base sólida de toda vida extraordinária. Desejei naquele momento que mais pessoas descobrissem a filosofia do Líder Sem Status. E prometi a mim mesmo que faria tudo que estivesse a meu alcance para fazer disso uma realidade.

A PRIMEIRA CONVERSA SOBRE LIDERANÇA
DA FILOSOFIA DO LÍDER SEM STATUS

Você não precisa de um cargo alto para ser líder

AS CINCO REGRAS

Inovação
Maestria
Autenticidade
Garra
Ética

PASSO PARA A AÇÃO IMEDIATA

Nas próximas 24 horas, elabore um inventário de todas as áreas, tanto em seu trabalho quanto em sua vida pessoal, nas quais você tem evitado assumir responsabilidade pessoal, bancando a vítima. Em seguida, faça uma lista das "Cinco metas diárias de liderança" para cada um dos próximos sete dias, com o intuito de implementar mudanças positivas como Líder Sem Status. Explore também os recursos em www.robinsharma.com para aprofundar seu aprendizado.

CITAÇÃO DE LIDERANÇA PARA RECORDAR

Dinheiro, influência e posição não são nada em comparação com ideias, princípios, energia e perseverança.

— *Orison Swett Marden*

5

A segunda conversa sobre liderança: Períodos turbulentos formam grandes líderes

Vou persistir até vencer. Não vim a este mundo para ser derrotado, tampouco o fracasso corre em minhas veias. Não sou uma ovelha esperando para ser tosquiada por meu pastor. Sou um leão, e me recuso a falar, andar e dormir com as ovelhas. Vou persistir até vencer.
— *Og Mandino*

A dor é temporária. A desistência dura para sempre.
— *Lance Armstrong*

— Estou animado com seu próximo encontro — disse Tommy, enquanto estacionava na estilosa área de Tribeca, em Nova York. — Esse professor é uma figura, Blake. Anna, obviamente, é muito especial. Mas esse tem algo mais. É exuberante, brincalhão, espontâneo e absurdamente inteligente. Durante a conversa de vocês, ele lhe passará o segundo princípio da filosofia. O primeiro você já conhece bem — acrescentou.

— Sim, com certeza. Você não precisa de um cargo alto para ser líder — afirmei, orgulhoso.

ROBIN SHARMA

— Excelente. Então agora vai aprender o segundo.

— Qual é? — perguntei, curioso.

— Períodos turbulentos formam grandes líderes — foi a resposta simples porém imediata, de Tommy. — Lembre-se sempre de que os dias difíceis nunca duram, mas pessoas fortes, sim. Condições difíceis nada mais são do que chances para você se tornar heroico. E os momentos desafiadores, tanto no trabalho quanto na vida, são oportunidades incríveis para você transformar a bagunça em sucesso — disse ele, sorrindo. — Problemas e dias difíceis são, na verdade, bons para você, meu amigo.

— Dias difíceis? Cara, eu sinto como se tivesse passado por uma *década* difícil — retruquei, esboçando um sorriso sarcástico.

Tommy me olhou e fez uma pausa. E de repente nós dois começamos a rir de meu comentário.

— Essa foi boa, Blake! Eu gosto do seu estilo. Percebo que você está se sentindo muito bem. Isso me deixa feliz. Coisas grandiosas já estão acontecendo com você. Seu futuro realmente parece brilhante — acrescentou, radiante.

Enquanto caminhávamos por uma das ruas laterais, Tommy cantava aquela velha canção dos Rolling Stones, "You Can't Always Get What You Want", sobre nem sempre conseguirmos o que queremos, mas o que precisamos. Senti que ele estava me preparando para a próxima lição.

— Há muita verdade nisso que estou cantando, Blake. Os negócios e a vida podem ser muito imprevisíveis, principalmente nestes tempos econômicos totalmente incertos. Quando você acredita enxergar com nitidez como será o futuro, algum concorrente ou uma nova invenção tecnológica transforma a indústria num instante. Quando finalmente parece que as coisas estão voltando ao normal, ocorre uma fusão, e a organização nunca mais é a mesma. Quando

O LÍDER SEM STATUS

você pensa que já entendeu tudo, uma avalanche de mudanças o atinge e você perde o equilíbrio. E você verá exatamente aonde estou querendo chegar com essa metáfora em alguns minutos. — Tommy olhou em volta, enquanto atravessávamos a rua rapidamente. — Eu já lhe disse como estou animado com esse seu encontro com o segundo professor? — perguntou ele, revelando sinais da idade um pouco avançada.

— Já, Tommy — respondi, num sussurro.

Chegamos bem em frente a uma loja com uma placa antiga, que trazia letras pintadas a mão anunciando o nome: Loja de esquis Ty Boyd. O espaço lá dentro era incrivelmente claro, com esquis e outros artigos esportivos em perfeita organização por toda a loja. Diversas fotografias em preto e branco revelavam um belo esquiador loiro e estavam dispostas na parede ao lado de grandes pôsteres com frases do tipo "Abrace o medo", "Corridas difíceis formam esquiadores melhores" e "Conquiste seu Everest".

Atrás do balcão estava um homem alto com porte atlético, que calculei ter cinquenta e poucos anos. Vestia um suéter liso, jeans surrados e elegantes óculos escuros. Ao avistar Tommy e a mim, ele saiu apressado de trás do balcão para nos cumprimentar. Sorriu cheio de entusiasmo e veio nos saudar efusivamente, em uma evidente demonstração de amizade.

— E aí, cara! — gritou para Tommy, enquanto envolvia meu mentor em seus braços musculosos, dando-lhe um verdadeiro abraço de urso e levantando-o alguns centímetros do chão. — Que bom vê-lo de novo, meu irmão. Como anda a vida profissional? Ainda ganhando todos os concursos com aquele negócio de Líder Sem Status que jogamos em você anos atrás?

— Com certeza, Ty. E é muito bom ver você também — respondeu Tommy com o mesmo grau de afeição. — Sim, tudo está indo muito bem no trabalho. Vocês realmente me puseram na trilha do sucesso com todas as ideias que me passaram. Eu nunca serei capaz de pagar por tudo que fizeram por mim. Minha vida era um completo desastre até o dia em que todos nós estivemos juntos. Depois disso, tudo mudou. *Completamente.* A filosofia que me ensinaram funcionou como um milagre. Obrigado, Ty. Muito obrigado — disse Tommy, com sinceridade evidente.

— Valeu, meu irmão. — Foi o comentário descontraído e tranquilo. — Tudo bem. Esse é o rapaz de quem você me falou, Tom?

Estendi a mão, mas fui imediatamente envolto em outro abraço de urso. Por um instante, mal consegui respirar.

— Meu nome é Ty Boyd. Muito prazer, irmão — falou alto o dono da loja, enquanto me apertava.

— Ty, este é Blake. Blake, este é Ty. Reconhece o nome? — perguntou Tommy, enquanto brincava distraído com o lenço de estampas do Mickey.

— Sinto muito. Provavelmente eu deveria reconhecer, mas não. Desculpe-me, Ty — respondi, sincero.

— Sem grilos, Blake. Tudo bem. Sou muito tranquilo quanto a isso. Nada de massagem no ego. Aliás, aprendi que quanto maior o ego, menor o desempenho.

Não entendi muito bem o que ele quis dizer com aquilo.

Tommy imediatamente tomou a palavra:

— Ty foi campeão de esqui cinco vezes. Veja isto — disse, apontando para um jovem atleta magnífico numa fotografia na parede. — Esse é o nosso homem em ação, esquiando na neve intensa em Taos, Novo México, a menos que eu esteja errado.

— Não, cara, você está certíssimo. Taos é um dos melhores lugares do mundo para nós, corredores na neve. Eu adorava esquiar ali. Beleza pura.

O LÍDER SEM STATUS

— Então você é esquiador profissional, Ty? — perguntei ao carismático proprietário da loja.

— Eu *era*, cara. Esquiava no mundo todo, mas tive que parar quando arrebentei o joelho com trinta e poucos anos, em um evento em Kitzbühel, na Áustria. Durante alguns anos, depois disso, trabalhei como instrutor de esqui em algumas das mais divertidas estações do mundo, como Whistler, no Canadá, Val d'Isère, na França, Coronet Peak, na Nova Zelândia, e Aspen, aqui mesmo nos Estados Unidos. E então, de um jeito ou de outro, encontrei meu caminho fora dessa selva barulhenta. Percebi que havia pelo menos algumas pessoas que precisavam de esquis aqui em Nova York. E nunca mais saí. No verão, eu vendo bicicletas. Bem, como você pode ver, não é um negócio gigantesco, e, para ser sincero, cara, não estou ficando rico com isso. Mas acordo todas as manhãs para trabalhar com o que amo. E como dizíamos quando eu ganhava a vida esquiando: "Eu posso não ser rico, mas tenho uma vida rica." Despertar nas pessoas o interesse pelo esqui me dá ânimo. E isso me mantém perto da neve, pois ainda tenho a chance de fazer algumas viagens todos os anos com alguns de meus fornecedores. Sou um cara feliz. E, para mim, isso é o que importa.

— Estou impressionado, Ty. É um prazer conhecê-lo — disse eu.

— O prazer é todo meu. Tommy me contou que você lutou por nós no Iraque!

— Pois é — confirmei, incerto quanto à reação de Ty, mas esperançoso de que fosse algo bom, ao me lembrar da gratidão de Anna por meu serviço militar.

— Bem, antes de eu lhe dar o que você veio aqui receber, venha cá e deixe-me lhe dar outro abraço, cara.

Eu me aproximei e Ty me agarrou novamente, dando-me um segundo abraço de urso.

— Andei lendo muito sobre tudo o que vocês, soldados, passaram, meu irmão. Meu coração está com você e seus colegas guerreiros. Conheço muitos sujeitos que lutaram no Iraque e no Afeganistão e tiveram que lidar com aquele negócio de estresse pós-traumático ao voltar para casa, além das dificuldades de relacionamento com esposa, namorada e crianças. Respeito muito vocês. E embora eu saiba que dizer "obrigado" provavelmente não vai fazer muita diferença para vocês, quero lhe agradecer. Obrigado por tudo o que você e os outros fizeram por nós. Podemos viver com liberdade graças à coragem que vocês demonstraram.

Eu não sabia muito bem o que dizer. Fazia tempo que não me sentia tão estimado por meus serviços militares. E, mais que nunca, começava a perceber que aquilo que eu encarava como pesadelo não era, na verdade, nada além de um fato ocorrido em minha vida. E, como Líder Sem Status, eu tinha em mim o poder natural de determinar que significado daria a *qualquer* circunstância com a qual me deparasse. Encontrando uma interpretação positiva e útil, eu estaria acionando o interruptor que me tirava do estado de vítima e me colocava no de líder. Ao rapidamente reformular algo que eu julgava ser ruim em determinado acontecimento, passando a encará-lo como bom, eu aceleraria meu sucesso e ativaria meu líder interior. E parte dessa transição essencial exigia que eu parasse de inventar desculpas em relação a como era minha vida antes de conhecer Tommy e encarasse meu tempo no Iraque como um período de profundo crescimento interior, sobre o qual eu poderia construir agora um futuro ainda mais brilhante. Eu não estaria preparado para realizar todas as mudanças para as quais já me preparava, se não tivesse passado por aquelas experiências. E todos os desafios de meu passado podiam ser vistos como uma preparação para a liderança iminente em meu futuro. Também notei que, com essa radical reformulação

O LÍDER SEM STATUS

do significado de meu serviço militar, eu estava me sentindo feliz e energizado como havia muito não sentia.

— O que você está me dizendo faz, sim, uma grande diferença, Ty. E agradeço por isso — respondi.

— Então vamos lá, Blake — disse ele, me mostrando uma cadeira em um canto da loja. — Talvez eu possa retribuir um pouco o que você fez pela gente lhe passando algumas ideias e ferramentas realmente poderosas que vão continuar aprimorando seu jeito de trabalhar e viver. Tommy disse que vocês viriam, então fiz sanduíches de salame e queijo para nós. Você o levou para conhecer Anna hoje? — perguntou Ty a Tommy.

— Com certeza — Foi a agradável resposta.

— Que mulher, hein, Blake? Bonita, inteligente e incrivelmente bondosa — comentou Ty, alegre.

— Ela realmente é especial — concordei. — E me ensinou algumas coisas fantásticas esta manhã, a começar pelo primeiro princípio da filosofia do Líder Sem Status: Você não precisa de um cargo alto para ser líder. Saí outra pessoa do encontro com ela, sem dúvida alguma. Eu me sinto mesmo diferente.

— Que bom, cara. Acho que agora a pressão toda está sobre mim. Então, você está aprendendo o que significa ser um Líder Sem Status. E essa liderança é hoje em dia um esporte para todas as pessoas, não só para CEOs, generais e chefes de Estado. Isso tudo é muito interessante, cara. Vai transformar sua vida por completo, se você deixar. Eu só gostaria que mais pessoas conhecessem nosso método. As empresas não só seriam muito mais lucrativas, como também se tornariam ambientes muito melhores. E toda comunidade neste mundo enorme em que vivemos se aprimoraria. Cara, como eu gostaria que cada um de nós compreendesse o poder que temos de liderar em tudo o que fazemos e de viver o melhor de nossa vida.

— Você vai se sentir melhor ao saber que a filosofia já está tendo um grande impacto em mim, Ty. Como disse, eu me sinto mudado agora. E sei que trabalharei como MDM e me comportarei como PMUM, graças ao que estou aprendendo hoje — comentei, sorrindo.

— O garoto é rápido, Tommy. Já gosto dele — retrucou Ty, entusiasmado, olhando para o meu mentor. — Esse é o poder das boas ideias, cara. Basta uma boa ideia para entrar em um jogo completamente novo. Um único grande pensamento tem a capacidade de derrubar todas as barreiras. Um insight inteligente pode lhe inspirar uma tomada de decisão que o levará a um novo e revolucionário modo de desempenho. O médico e escritor Oliver Wendell Holmes disse muito bem: "Uma mente exposta a uma nova ideia nunca retorna às suas dimensões originais." Então ouça — prosseguiu Ty, voltando ao foco conforme me entregava um grande sanduíche de pão integral e uma garrafa de água gelada. — Meu trabalho aqui hoje, como parte de seu aprendizado em nossa filosofia, é entretê-lo.

Ele saltou da cadeira e pegou um esqui que estava encostado na parede. Fez de conta que era uma guitarra e começou a cantar uma antiga canção do Aerosmith, "Dude Looks Like a Lady", com todo o vigor. Tommy começou a rir. Vendo a expressão de susto em meu rosto, Ty também riu. Colocou o esqui de volta no lugar e ele e Tommy trocaram um hi-five no alto. Era evidente que os dois haviam se tornado amigos. E estava nítido que se respeitavam muito.

— Estou brincando, Blake. Só estou me divertindo um pouco. Você precisa encontrar uma maneira de se divertir em tudo o que fizer. Falando sério, meu trabalho não é entretê-lo, mas espero que você se divirta muito nesse tempo que passaremos juntos. E acredito que, independentemente de nosso trabalho, todos precisamos ser artistas e fazer com que os clientes adorem negociar conosco. Pelo que entendo, *qualquer* pessoa que está nos negócios está também no show

O LÍDER SEM STATUS

business, e quando vamos ao trabalho, subimos no palco. Precisamos representar e deslumbrar o público. Ninguém se importa se você está tendo um dia ruim. Todos querem apenas ver o show que pagaram para ver. Mas minha verdadeira meta aqui é passar-lhe o segundo princípio de nossa filosofia, para que seu líder interior desperte ainda mais de um sono profundo e você possa expressar o que tem de melhor ainda mais rapidamente. E esse princípio pode ser definido em cinco palavras simples: períodos turbulentos formam grandes líderes. Esquiar é a metáfora perfeita para elucidar esse princípio. É por isso que você está aqui comigo hoje.

— Períodos turbulentos formam grandes líderes. Gostei disso, Ty. É mais ou menos como aquele clichê: "Quando a água chega ao pescoço, você aprende a nadar."

— Pois é — concordou Ty, passando a mão pelos cabelos louros. — Veja, eu dirijo um negócio. Você trabalha em uma empresa. É incrível o que acontece no mundo dos negócios de hoje, cara. É tudo muito caótico. Tudo está mudando. Grande incerteza misturada a profunda negatividade. Todas as regras do jogo estão diferentes. A concorrência é mais feroz do que nunca e os clientes, menos leais. A tecnologia alterou totalmente nosso modo de trabalhar. E a globalização nivelou o campo todo, de modo que só as organizações compostas por pessoas que demonstram Liderança Sem Status permanecerão de pé. É tudo muito estressante, confuso e assustador para a maioria das pessoas, meu irmão — gritou, agitando os braços para um efeito dramático.

— Tenho que concordar, Ty. Mesmo na livraria, sinto-me mais pressionado que nunca para fazer as coisas com mais rapidez. E tudo parece mudar de maneira muito significativa em poucos meses. Meu gerente mudou, a maneira como processamos o estoque mudou. Nosso sistema de informática muda constantemente. E temos que ficar por dentro de tudo, enquanto aprimoramos nosso trabalho. Sinto-me sobrecarregado boa parte do tempo.

— Entendo — comentou Ty, agora com ar sério e pensativo. — E o ritmo das profundas mudanças nos negócios nas mais variadas indústrias não tem a menor intenção de diminuir, meu amigo. Só vai acelerar. E se você se esconder embaixo da mesa, esperando que a avalanche de mudanças passe, vai acabar sufocado, como um pobre coitado pego desprevenido por uma avalanche de neve, sem esperança de sobreviver.

Fiquei espantado com a metáfora poderosa da mudança nos negócios. Ty continuou:

— Se você lutar contra tudo isso, vai se meter em encrenca. Seria como resistir à sensação de esquiar montanha abaixo com tamanha velocidade que o coração parece subir pela garganta quando você olha para baixo lá do topo. O único modo de descer e chegar inteiro é se comprometer com a linha de queda, em vez de resistir a ela. O único meio de chegar a salvo é entregar-se à montanha.

— Comprometer-me com a linha de queda? — indaguei, desconhecendo o termo.

— Pois é, Blake. Isso significa que, para esquiar nos trechos mais difíceis, você precisa fazer justo aquilo que aparentemente deveria evitar.

— O quê? — perguntei alto.

— Você precisa se entregar à inclinação íngreme que se apresenta, em vez de se apoiar mais na montanha para se proteger da queda. Na verdade, precisa se aproximar mais do local que o assusta, em vez de se afastar dele. Sim, é totalmente absurdo. Mas se você não fizer isso, certamente terá problemas. E um patrulheiro poderá encontrá-lo congelado na montanha depois que todos já tiverem ido embora.

O LÍDER SEM STATUS

— Sua metáfora se aplica ao meu trabalho na livraria, não é, Ty? Se eu não me *entregar* à mudança que chega a mim e tentar me proteger em meus velhos modos de agir no trabalho, vou acabar congelado na montanha, por assim dizer. E sufocado na avalanche de mudanças que você mencionou, certo?

— É exatamente isso. Mas quando você relaxa e aceita o medo de não saber todas as respostas nem o lugar para onde vai, assim como eu fazia ao esquiar em alguns dos lugares mais arriscados do planeta, coisas notáveis começam a acontecer. Quando você está no limite e sente o pior desconforto, quando todas as suas limitadas crenças começam a gritar na sua cabeça e você acha que nunca sobreviverá a tanta pressão, esse é o momento em que está mais vivo. E esse é o lugar onde seu maior crescimento acontece. O medo que você sente quando se aproxima da extremidade de seus limites faz com que eles se expandam. E essa expansão se traduz não só em um trabalho melhor, como também em um desempenho muito maior em todas as áreas da vida. Quando você metodicamente se aproximar daquilo a que está resistindo, em vez de se afastar, se tornará muito mais confiante no modo como trabalha. Também vai se tornar muito mais poderoso no jeito como conduz a vida. E vai perceber como é forte. Ser corajoso e abraçar as oportunidades que o enchem de temor é uma atitude que converte o medo em poder e lhe revela suas forças. Como disse Nietzsche: "Aquilo que não me mata me fortalece."

— São percepções incríveis, Ty. Muito úteis para a minha profissão e a minha vida. Então a mudança é uma coisa boa?

— Certamente. E as condições turbulentas podem, na verdade, elevar suas habilidades, revelar talentos ocultos e incrementar o jogo. No esqui, qualquer um pode parecer profissional nas trilhas fáceis. O verdadeiro teste de habilidade acontece nas difíceis. Quando a situação se complica é que você vê se sua técnica é realmente boa e se é um bom esquiador. Nos negócios, acontece exatamente a mesma coisa. Qualquer um pode ser uma estrela quando a economia está forte, a concorrência, fraca e os clientes são leais. Os tempos difíceis são aqueles que revelam sua consistência e o tipo de líder que você é.

Ty fez uma pausa e comeu mais um pedaço do sanduíche, mastigando com apetite, enquanto algumas migalhas caíam-lhe sobre o suéter. Após tomar um pouco de água, prosseguiu com seu elucidador discurso sobre a liderança, usando a metáfora do esqui.

— Aquilo a que você resiste persistirá, mas aquilo que favorece, você começa a transcender, Blake. Quando o terreno muda numa pista de esqui, sua técnica também precisa mudar. É *necessário* se adaptar. Do contrário, você cai e se machuca. O modo de esquiar numa pista lisa e fácil não é o mesmo para uma pista com muita neve. O mesmo se aplica ao modo como trabalhamos. Novas condições *exigem* técnicas diferentes. Você precisa se adaptar.

— Do contrário, caio e me machuco — reiterei, plenamente focado nas lições que aquele ex-esquiador profissional me revelava.

— Certo. E a *melhor* técnica que você pode aplicar é a de ser um Líder Sem Status. Essa ideia simples é o que separa os melhores nos negócios dos que desmoronam enquanto caminham para o futuro. Qualquer organização que construa líderes em todos os níveis vai enfrentar com facilidade as mudanças provocadas por estes tempos incertos. Na verdade, qualquer empresa que adote a filosofia do Líder Sem Status verá tais mudanças como uma bênção, enquanto a concorrência segue outra direção e acaba soterrada.

— Uma bênção?

— Com certeza. É como eu disse: qualquer um pode parecer bom em condições fáceis. Ou seja, enquanto o ambiente de trabalho era seguro e previsível, não era preciso muito esforço para a organização ganhar dinheiro e prosperar. Mas agora vivemos em uma nevasca,

O LÍDER SEM STATUS

por assim dizer, e em montanhas muito íngremes. Só uma técnica excelente vai funcionar. E isso significa ser um Líder Sem Status. As organizações que entendem isso descobrem que nestes tempos turbulentos têm muito menos concorrência e muito mais oportunidades para um crescimento muito maior. Empresas compostas de líderes vão *acelerar* o próprio crescimento ao aumentar o índice de inovação, enquanto a concorrência vai se retrair; vão formar equipes melhores investindo em pessoas, enquanto as rivais cortarão o orçamento para cursos e treinamentos; e vão contratar novos talentos, enquanto colegas no mercado demitirão. Assim, as empresas inovadoras compreendem que tempos turbulentos são dádivas, períodos que lhes permitem passar à frente da concorrência, que nunca as acompanhará.

— Interessante — comentei.

— Para você se adaptar a este período pelo qual estamos passando, eu o encorajo a aceitar o caos, Blake. Receba o perigo de braços abertos. Assuma riscos inteligentes e tenha a coragem de concentrar suas maiores habilidades em suas maiores oportunidades, mesmo que isso o assuste. Quanto mais enfrentar seus medos e marchar rumo aos desafios, mais incríveis serão as recompensas que virão. Quanto mais você fizer coisas que teme fazer, melhor mostrará sua verdadeira liderança. E quanto mais se dedicar ao trabalho e à vida, em meio a mudanças profundas, mais receberá. A vida é justa assim — observou Ty, um tanto filosófico. — Você recebe na proporção direta ao que dá. Toda a confusão lá fora vai levá-lo a lugares lindos. Tudo é uma dádiva fantástica, tudo.

Então Ty acrescentou:

— E o que você deve se lembrar deste momento que estamos passando juntos é que períodos turbulentos formam grandes líderes. O terreno mais difícil cria os melhores esquiadores. E é a condição *mais desconfortável* que serve de crisol para formar os melhores líderes. Esse é o ponto-chave da nossa conversa, amigo. Mas, como é assustador se aventurar fora das pistas que usamos para esquiar, nós geralmente as evitamos. E, com isso, perdemos uma chance gloriosa de usar mais o nosso potencial soterrado. Resistir ao que nos incomoda no trabalho pode parecer uma maneira de permanecer seguros nestes tempos selvagens, mas, no fim das contas, trata-se de uma manobra perigosa. O que me tornou um esquiador fantástico foi meu verdadeiro amor pela busca das trilhas mais traiçoeiras e da neve mais profunda. Aprendi desde cedo que o único modo de me tornar bom no esqui em terrenos muito difíceis era *esquiar* neles *regularmente*. Essa disposição não só despertou a grandeza dentro de mim, como também me deu a experiência necessária para vencer todos aqueles campeonatos mundiais.

— E todas aquelas mulheres adoráveis que vieram junto — interveio Tommy, dando uma piscadela. — Blake, você não acreditaria em algumas das histórias de Ty. Esse cara *realmente* viveu a vida. Mas vamos deixar isso para outro momento.

— Outro momento — concordou Ty. — Não quero sobrecarregar nosso amigo aqui, Tom. O que estou tentando dizer, Blake, e desculpe se estou sendo repetitivo, mas um bom treinamento envolve a repetição das leis do sucesso, é que períodos turbulentos nos negócios trazem consigo oportunidades incríveis para que cada um de nós nos tornemos líderes notáveis e criemos empresas cada vez melhores. A maioria das pessoas se esconde em sua casca quando a coisa engrossa. Recolhem-se em seu esconderijo. Afastam de si qualquer coisa que as tire minimamente da zona de conforto. E, infelizmente, quando fazem isso, rechaçam também as chances de crescimento, maestria e realização duradoura. Os bravos não fogem. Nunca se esqueça disso, cara. Os bravos *devoram* o medo, antes que o contrário aconteça.

O LÍDER SEM STATUS

— Os bravos não fogem — repeti, na esperança de me lembrar dessa frase valiosa.

— Lembro-me de uma vez quando estava esquiando na Nova Zelândia, nas montanhas Remarkables. Foi antes de eu me tornar profissional e ser bom o suficiente para esquiar em período integral. O diretor da escola de esqui, um esquiador mundialmente famoso chamado Michel, e eu subimos até o topo de um dos picos mais altos. Ali, em parte me senti fascinado pela vista magnífica que nos envolvia. Pude ver os Alpes do Sul e lindos lagos se estendendo até o horizonte. A Nova Zelândia é assim. Mas havia outra parte de mim que estava *apavorada*. Eu sabia, no entanto, que se recuasse diante do desafio, recuaria também de meu próximo nível de excelência como esquiador, bem como de um grau bem mais elevado de confiança, pois, como mencionei, Blake, quando você atinge seus limites, eles se expandem. Então, adivinhe o que eu fiz?

— Devorou seu medo e esquiou — respondi, devolvendo a Ty algumas das palavras dele, mostrando-lhe que estava atento ao que ouvia.

— Isso mesmo. Abaixei o volume da voz gritante do medo e desci aquela montanha como nunca fizera. Dei *tudo* de mim. Entreguei-me *à* montanha, forcei ao máximo minhas habilidades e alcancei absolutamente o que tinha de melhor. E, aceitando o desafio que a montanha me apresentava, atingi um topo completamente novo em mim mesmo. Conquistei um Everest interior naquela manhã, cara. Minha habilidade como esquiador avançou muito. Minha autoconfiança chegou às alturas. E o valor de meu amor-próprio como homem subiu até aquele céu azul. Todos nós temos um Everest escondido no coração. Você precisa se dedicar à escalada desse Everest todos os dias. Lembre-se: você *nunca* saberá até onde consegue subir se nem ao menos tentar. E não estará verdadeiramente vivo se não correr riscos e devorar seu medo —

acrescentou Ty, de maneira enérgica, enquanto caminhava até o centro da pequena loja.

— Enfim, os Líderes Sem Status compreendem de modo visceral que condições adversas revelam a pessoa. Entendem perfeitamente que circunstâncias difíceis, embora assustadoras, são também estimulantes. E percebem que os momentos difíceis são as melhores oportunidades para demonstrar liderança. Quanto mais extremas as condições, mais animados ficam por ter a chance não só de ver do que são capazes, mas também de viver de fato a verdadeira identidade que possuem. Portanto, em vez de resistir ao desconforto, correm ao encontro dele, cara. E como trabalham e vivem assim, as coisas que antes lhes pareciam desconfortáveis acabam se tornando confortáveis. Legal, né? Quanto *mais* tempo você passar fora de sua zona de conforto, *mais* ampla ela se tornará. E isso significa que, quanto mais se arriscar, mais as coisas até então assustadoras parecerão normais — acrescentou Ty.

— Aí está uma boa ideia para você, Blake — interveio Tommy.

— Outra coisa que aprendi com os circuitos mais difíceis de esquiar é que eles me faziam enxergar minhas falhas. Como disse antes, com as coisas fáceis, todo mundo pode parecer um astro. Mas, quando chegam ao terreno mais íngreme, a fraqueza começa a aparecer. Problemas de equilíbrio ou de postura, ou até questões como segurar os bastões do jeito errado se mostram, pois, se você está sob pressão, sua técnica começa a ser testada. E essa é outra oportunidade, porque você consegue enxergar onde precisa melhorar se quiser se aprimorar.

— E o mesmo acontece nas condições turbulentas de negócios — contribuí. — As falhas se amplificam sob pressão, certo?

— Certo. Pessoalmente, durante períodos intensos, você pode descobrir suas fraquezas e conscientizar-se de suas limitações. E, quanto à organização, nos tempos de real mudança, as empresas podem tomar conhecimento do que as está limitando e acelerar o passo para se tornar mais eficientes, eficazes e lucrativas. Empresas inteligentes entendem que as condições difíceis dos negócios são, na verdade, uma espécie de consultoria gratuita que lhes permite ser mais ágeis e bem-sucedidas.

— Trata-se de uma maneira excelente de encarar a situação, Ty. Então você está basicamente sugerindo que eu aprenda a me sentir confortável com o desconforto? E que encare todo o caos lá fora, em vez de fugir dele me apegando a velhos modos de pensar e agir, como um esquiador assustado que não quer sair da montanha?

— Só se você de fato quiser crescer e se tornar radicalmente mais eficaz, como líder e como pessoa. As coisas que *mais* o amedrontam são as portas de entrada para a sua *melhor* liderança. Uma das práticas diárias de líderes excelentes é fazer algo que exija a expansão de seus limites. Entenda que não pode haver crescimento ou progresso sem nervosismo, sem aquele frio na barriga e certo desconforto físico. A maioria das pessoas em nossa sociedade nos ensina, desde a mais tenra idade, que a sensação de desconforto é ruim e errada, algo que deve ser evitado a qualquer custo. Por isso, não arriscamos e permanecemos pequenos. Não nos aventuramos muito além de nossa rotina e das atividades nas quais nos sentimos seguros e à vontade. Mas como nos apegamos à segurança do que é conhecido, nosso nível de aventura é zero. Não conquistamos terras novas nem alcançamos o ponto mais alto de nossa montanha.

— Nem descemos por ela — sugeri, sorrindo.

— Nem descemos por ela, cara — concordou Ty. — Resistir às oportunidades que vêm com as mudanças é um jeito trágico de viver e o jeito mais triste de morrer.

Ty se calou por um instante. Depois acrescentou:

— Meu pai morreu assim, Blake. Trabalhou 24 horas por dia na mesma fábrica, a vida toda. Todas as noites, para amortecer a dor emocional de uma vida vivida pela metade, ele se afogava no álcool. Eu sabia que, no fundo, ele era um bom homem. Queria realmente o melhor para nós. Só não conseguia se desviar dos velhos caminhos. Nunca nem ao menos vislumbrou o líder que poderia ter sido. Por isso, ele simplesmente trabalhava e vivia sempre da mesma maneira. Não tentava alcançar coisa alguma, não se aventurava e não se expandia. Morreu com apenas 62 anos, de maneira discreta, sem que quase ninguém percebesse. Era quase como se a vida inteira ele nunca tivesse feito a menor diferença, como se tivesse vivido em vão. E tudo porque tinha medo demais de superar os temores e enfrentar aquilo a que tanto resistia. Porque não se atrevia a sair de uma zona de conforto, porque permitiu que a voz da dúvida o dominasse. O filósofo Sêneca definiu isso muito bem: "Não é porque as coisas são difíceis que não nos arriscamos; elas se tornam difíceis porque não nos arriscamos." Ainda penso muito em meu pai. Não passo um único dia sem me lembrar dele e sem prometer a mim mesmo que não seguirei o mesmo caminho.

— Sinto muito por seu pai, Ty — disse eu, com delicadeza.

— Não sinta, cara. Minha infância difícil me fortaleceu. E o exemplo de meu pai se tornou uma advertência, mostrando-me o que não devo fazer e como não devo viver. Portanto, foi outra dádiva. Ensinou-me a diferença entre respirar e viver de verdade. E a necessidade absoluta de escolher o crescimento em vez da complacência, muito embora ela pareça melhor a curto prazo. Enfim, lembre-se apenas da ideia de que, quanto mais tempo passar em sua zona de desconforto, mais a zona de conforto se expandirá. Isso o ajudará muito em seu trabalho na livraria. Ei, cruze os braços — instruiu Ty.

Fiz o que ele pediu.

— Qual é a sensação de ficar com os braços cruzados assim?

— Não sei. Normal, eu acho. Sempre cruzo os braços dessa forma. Não estou muito certo quanto ao propósito deste exercício — admiti.

— Não se preocupe. Logo você vai entender. Agora cruze os braços do jeito contrário ao que sempre faz.

De modo contrário ao meu hábito, eu me forcei a cruzar o braço direito por cima do esquerdo. Nunca havia cruzado os braços assim em toda a minha vida. Era estranho.

— É esquisito — disse a Ty.

Tommy me observava com interesse. Vi que estava se divertindo.

— Parece mesmo esquisito, Blake — explicou Ty. — *Sempre* que tentar algo novo, vai parecer esquisito. A opinião pública lhe dirá que, quando uma coisa dá uma sensação esquisita, você está cometendo um erro. A mentalidade da multidão diz que, se algo provoca uma sensação desconfortável, devemos voltar ao que parece natural. Mas, como venho insistindo para que se lembre, toda vez que você for em direção à mudança e ao crescimento, sentirá algo estranho. É um bom sinal. Significa apenas que você está deixando sua zona de conforto. Novos padrões de comportamento e pensamento estão sendo ativados. Novas formas de conhecimento estão sendo instaladas. Suas fronteiras pessoais estão se expandindo. Está tudo correndo perfeitamente, embora pareça estranho.

— Então, o esquisito é bom? — perguntei, rindo.

— Com certeza! Se você não sentir o desconforto de que falamos, então não está mudando, não está crescendo; está, na verdade, desperdiçando seu tempo.

Mantive os braços cruzados do novo jeito. A coisa estava ficando mais interessante.

— Você sabia que *tudo* em seu passado, e isso inclui toda a desordem, foi uma *preparação necessária* para conduzi-lo à margem onde finalmente você estará preparado para dar um salto e se tornar o líder que realmente é? Tudo que já lhe aconteceu foi magnífico, cara — afirmou Ty, confiante.

— Estou entendendo, Ty — reconheci.

Pensei mais em meu período no Iraque. Nada de substancial acontecia quando nos refugiávamos no abrigo. Fugir de uma situação difícil jamais fez de alguém um herói. Como unidade, tínhamos vantagem quando, no calor da batalha, executávamos nosso plano estratégico perfeitamente e depois partíamos para a vitória, indiferentes à ameaça de perigo. Na verdade, quanto *maiores* os riscos corridos, *maiores* as recompensas posteriores. Era exatamente disso que Ty estava me lembrando. Os tempos difíceis apenas *parecem* ruins. Na realidade, são muito úteis, porque nos tornam mais sólidos. Conectam-nos com nosso potencial adormecido. Sim, nos causam uma sensação de desconforto, criam confusão em nossa mente e provocam medo em nosso coração. Mas a verdade é que as condições que mais nos desafiam são justamente as que nos levam ao maior crescimento e às realizações mais recompensadoras.

Como se estivesse lendo minha mente, Ty disse:

— Os grandes líderes têm profunda compreensão de que qualquer coisa que os ajude a se expandir e a crescer como pessoa é algo muito bom. E nestes tempos incertos, crescer e desenvolver o melhor de sua liderança é a melhor tática de sobrevivência. Devo acrescentar, também, que as coisas com frequência *devem* desmoronar para ser reconstruídas de maneira melhor. Você não pode chegar a um ponto de avanço sem antes passar por um período de retrocesso. Isso é assustador porque, à medida que transcende daquilo que era para o

O LÍDER SEM STATUS

que pode se tornar e de seu antigo modo de trabalhar para uma forma melhor de desempenho, você é surpreendido por uma nevasca desconhecida durante algum tempo. Estar em uma região inóspita e desconhecida nos leva a confrontar nossas limitadas crenças e nossos maiores medos. Nós nos deparamos com nossas incertezas, com a insegurança. O principal ponto a entender nesse período é que, sempre que você se aproximar do crescimento e abraçar a mudança profunda, seus medos virão à tona. Faz parte do processo de desenvolver novas habilidades e despertar mais de seu potencial natural de liderança. Você está abandonando seus antigos modos de ser e adotando um novo. As bases sobre as quais você se apoiava estão desmoronando, o que provoca uma sensação desconfortável. Mas, enfatizo, trata-se apenas de uma *sensação*. Não há nada de errado nisso. Suas antigas fundações e estruturas tradicionais precisam ser derrubadas para que outras melhores sejam construídas. É assim que a mudança funciona. Depois da confusão, sempre vem o discernimento. Do caos sempre brota a ordem. E se você entrar, destemido, no processo de mudança, chegará a uma nova ordem significativamente melhor que a existente antes da transição.

— Então os retrocessos levam ao progresso — confirmei.

— Isso mesmo. Não desista! Aproxime-se cada vez mais do desconforto e corra mais riscos inteligentes. Gradualmente, cada um de seus medos vai começar a desaparecer. Faça todo dia aquilo que o amedronta, e logo você vai elegantemente transformar o medo em poder. É assim que você desenvolve autoconfiança e se torna invencível. Force o risco. Abrace a mudança. Agarre as maiores oportunidades. E, cada vez que o fizer, seu líder interior receberá mais combustível. E logo você vai alcançar um lugar em que *tudo* é possível. Voltemos agora à minha metáfora. Embora seja aterrorizante estar diante do

ROBIN SHARMA

limite do pico, na verdade ele é, hoje em dia, o lugar mais seguro no mundo dos negócios. Dali, não é fácil abraçar toda mudança, sentir-se fora do centro e se livrar das coisas que você fazia antes. Mas é o único lugar para os líderes. É também um lugar de intensa liberdade, cara. Ah, a propósito, *todos* os medos que limitam seu progresso como líder e como pessoa nada mais são do que *mentiras* que você contou para *si mesmo*. Pare de investir nelas! A vida é grande *demais* para se arriscar pouco.

— Adorei o que você acabou de dizer, Ty. Sinto-me completamente inspirado ouvindo você hoje.

— Eu também — acrescentou Tommy, com entusiasmo. — Com o tempo, você vai ficando cada vez melhor.

Ty riu, e então voltou a seu comentário sobre os períodos turbulentos que formam líderes melhores.

— Veja bem, Blake. Parte essencial do método do Líder Sem Status é começar a fazer mais aquilo que você sabe que deve fazer todos os dias no trabalho, mas que se sentia muito tímido para realizar. O medo não o leva a *lugar algum*. As pessoas de sorte não têm sorte; elas criam a sorte. E fazem isso correndo riscos e aproveitando as oportunidades. Ficar sempre na pista para iniciantes é tolice se você quiser ser um esquiador especial. Você deve ir para as pistas mais difíceis. E, sim, elas causam muito desconforto.

— Mas faz parte do processo de crescimento, certo?

— Exatamente. Se não há desconforto, não há crescimento. Por isso eu digo que é mais seguro estar nas descidas mais íngremes.

— Isso é verdade? — perguntei, sinceramente.

— Com certeza, porque apegar-se ao terreno fácil é um modo garantido de fracassar na carreira de esquiador. Desse modo, você nunca se tornará melhor. Vai tentar se sentir são e salvo nas descidas para iniciantes, ainda que atole na mediocridade. Portanto, essas pistas que não representam desafios são, na verdade, lugares inseguros, se alcançar o pleno potencial for sua meta.

— E a mesma metáfora se aplica à liderança no trabalho, certo, Ty? Se me recuso a abraçar a mudança e aproveitar as oportunidades só porque estou tentando permanecer seguro em minha zona de conforto, acabo em um lugar altamente inseguro e perigoso, porque isso me levará ao fracasso em minha carreira.

— Na verdade, se você se comportar dessa forma em meio a esse período de tanta confusão nos negócios em que estamos, acabará sendo demitido. Mas você está certo: recusar a mudança e o crescimento é o lugar mais inseguro no qual você pode estar — comentou Ty, me apoiando.

— É muito eficaz ouvir que aceitar as mudanças mais profundas quando se está na beira do pico, e sob as mais difíceis condições, é na verdade o lugar mais seguro em que se pode estar. Que paradoxo! — observei com sinceridade, enquanto devorava mais um pedaço de meu sanduíche de salame.

— Cara, esse é o paradoxo da mudança. A maioria dos funcionários e das empresas evita lidar com a mudança. Preferem enfiar a cabeça na neve e esperar que ela simplesmente passe. Fingem que tudo continuará bem se permanecerem trabalhando normalmente, como sempre fizeram. Mas não é assim que funciona. O normal já era. Negócios incomuns são agora os novos negócios. E a complacência se tornou o *principal inimigo* da vitória. O lugar mais seguro, mais inteligente para ficar é lá fora, na beira do pico. Amando as mudanças, usando-as em vantagem própria, para crescer como líder. Eu adoro as pistas assustadoras, cara. Como eu disse, elas fazem com que eu me sinta vivo. E me fazem lembrar do que disse o grande equilibrista

Karl Wallenda: "A vida é vivida na corda bamba. O resto é só esperar."
Se você estiver mais vivo do que nunca na beira do crescimento, por
que evitá-lo?

— Faz sentido — respondi, comendo mais um pedaço do sanduíche.

— O piloto Mario Andretti disse certa vez: "Se tudo está sob controle, você fica muito lento." E preciso repetir, porque isto é muito
importante: as coisas realmente precisam desmoronar antes de ser
reconstruídas. A mudança profunda é uma espécie de purificador.
Ela pode, sim, acabar com as bases sobre as quais seu modo de pensar
e de operar foi construído. E talvez essas velhas fundações precisem
mesmo cair para abrir espaço ao surgimento de outras melhores. E
o processo de transição entre elas é, de fato, um período cheio de
estresse e incerteza. Como a transição de lagarta para borboleta.
Parece uma verdadeira bagunça, mas algo ainda mais bonito está
sendo criado. "O que a lagarta chama de fim do mundo, o mestre
chama de borboleta", disse o escritor Richard Bach. O rompimento
geralmente é o começo do verdadeiro aprimoramento. O velho precisa
ser removido para que haja espaço para o novo e melhor.

Pensei em meu avô. Certa vez, quando eu ainda era criança, ele
me disse que, quando jovem, costumava brincar com borboletas.
Um dia, observou uma lagarta saindo do casulo, mas ela parecia
estar tendo dificuldade e não estava conseguindo. Então, para ajudá-la, ele pegou um canivete e cortou os pedaços que sobravam do
casulo. Mas, em vez de emergir como uma linda borboleta, a lagarta
rapidamente morreu. Meu avô me disse que posteriormente descobriu que ela precisava da experiência do esforço para sair do casulo
e ressurgir como borboleta. Ao impedir que isso acontecesse, ele
privou a lagarta da chance de voar. Pareceu-me, pelo que Ty dizia,
que momentos turbulentos e períodos de esforço nos negócios são,

na verdade, oportunidades semelhantes para desenvolvermos asas e expressarmos o que temos de melhor.

— Lembro-me de quando era instrutor de esqui e dava aulas na montanha — continuou Ty. — Digamos que alguém já chegasse lá sendo um bom esquiador. Então, eu ensinava alguns exercícios para que essa pessoa ficasse ainda melhor. Passava-lhe alguns conceitos novos e várias técnicas avançadas. Adivinhe o que acontecia com ela depois da aula.

— Obviamente, ele ficava ainda melhor — respondi.

— Que nada. Esquiava pior.

— Sério?

— É. Mas só por um tempo, até internalizar o novo aprendizado. Veja, Blake, parte do processo de mudar e crescer é partir do ponto em que você está para derrubar tudo o que sabe e depois reconstruir de modo muito melhor. De novo, o esqui é uma ótima metáfora para isso. Meus clientes aprendiam todas essas novas técnicas fantásticas, mas rompiam com a antiga forma de esquiar a qual estavam acostumados antes de ter aula comigo. Eles precisavam pensar e agir de maneira diferente para alcançar o próximo nível de excelência como esquiadores. Por isso, inevitavelmente, passavam por um período de transição repleto de confusão.

— Ruptura.

— Exatamente. A técnica dele era derrubada e abandonada. Parecia terrível, e alguns alunos ficavam frustrados, mas eles precisavam ter *paciência* com o processo de mudança e *permanecer* nele, mesmo que tivessem o ímpeto de desistir e voltar para o velho modo de pensar e esquiar. Não havia nada errado; estava tudo certo. E, quando persistiam, era incrível ver como se tornavam esquiadores fantásticos.

— Então, o próprio processo de mudança é caótico. Mas, se formos pacientes e persistentes, alcançaremos o progresso desejado?

— Sim. A mudança é *sempre confusa* no meio do processo. E pode parecer que nada está dando certo e que nada está acontecendo. Mas, se estiver dando o melhor de si para aprender e aprimorar as coisas, você está na verdade se aproximando mais do avanço que todos nós desejamos. Para dominar a mudança, você deve ser absolutamente paciente e persistente. Quando meus clientes praticavam o que eu lhes ensinava e davam a si mesmos tempo para internalizar a instrução, sempre chegavam a um incrível ponto de aprimoramento quanto à técnica. Sempre terminavam muito melhores do que quando haviam começado.

— Nunca tinha percebido como a mudança é boa para nós, indivíduos e organizações em geral, sejam empresas, sejam escolas, comunidades ou países — mencionei.

— Isso se você *quiser* que ela seja boa — informou Ty. — É tudo uma questão de escolha. Você pode bancar a vítima e achar que a mudança vem de fora, que é produto de uma força externa incontrolável.

— Ou posso usar meu poder natural e partir para ser um Líder Sem Status — interrompi.

— Você pegou o sentido da coisa, cara. E também deixar o estado de vítima para partir para a condição de líder, exercendo a escolha que fará *toda* a diferença. Você desenvolve um padrão mental no qual aceita a mudança por completo e a ruptura, usando-as em *seu favor*. Você aproveita a mudança para promover suas habilidades de líder, a explora para fazer a sua parte na construção de uma empresa melhor, independentemente de ter ou não a autoridade formal garantida por um cargo pomposo. E capitaliza toda a mudança no sentido de ajudá-lo a se expressar plenamente, tornando-se um ser humano mais grandioso e feliz.

O LÍDER SEM STATUS

— Uma ótima maneira de encarar as coisas, Ty.

— Problemas *só* são problemas se *deixarmos* que sejam. Vítimas, por um lado, choramingam: "Por que eu?" Líderes, por outro, clamam: "Cabe a mim!" — sugeriu Ty, com um sorriso rápido. — E buscam oportunidades magníficas para se dedicar a produzir resultados excepcionais. "Este momento, como todos os outros, é um bom momento, se soubermos o que fazer com ele", observou Ralph Waldo Emerson. Ei! — gritou ele. — Quase me esqueci. Preciso lhe passar minhas cinco regras. As cinco coisas que você precisa fazer para praticar a lição de "Períodos turbulentos formam grandes líderes". Como você sabe, Blake, esse é o segundo dos quatro princípios que compõem a filosofia do Líder Sem Status. Eu tenho uma sigla para você.

— Vocês e suas siglas — repliquei, em tom de brincadeira.

— Pois é, adoramos siglas, cara. Mas há uma razão para isso: elas ficam gravadas na mente como uma música popular. As nossas siglas fazem com que as cinco regras práticas que cada um de nós está lhe ensinando grudem em você, de modo que nunca as esquecerá.

— Perfeito, Ty. Qual é a sua?

— SPARK. — Foi a sucinta resposta. — Liderar Sem Status tem tudo a ver com ser uma luz iluminando um mundo sombrio e turbulento, uma centelha.* Tudo é muito negativo nestes tempos de rápida transição. Todo mundo se preocupa demais. Todos perambulam com medo, sem ideia do que o futuro reserva. Atualmente, o que precisamos nos negócios é de mais pessoas que sejam luzes verdadeiramente brilhantes. Que mostrem aos outros um caminho nítido e promissor. Que sejam verdadeiras centelhas em tudo o que fizerem.

---

* O jogo de palavras se dá pois "spark", palavra de origem inglesa, significa "centelha", "faísca" na tradução para o português. [*N. do E.*]

— Adorei a sigla — afirmei com sinceridade.

— Cara, fico contente com sua felicidade. Deixe-me explicar, então. O S, de SPARK, significa sinceridade. Ser um Líder Sem Status requer ser um comunicador sincero, que fale a verdade e traga inspiração. Em tempos caóticos, há uma tendência natural a se ocultar a verdade, falar apenas em termos vagos e gerais que nada significam, mas preservam o status quo, e essencialmente se expor de maneira que proteja o território. Mas o problema com essa forma de comunicação é que ela gera desconfiança. As pessoas em volta preferem ouvir a verdade aos lugares-comuns plastificados, que só servem para evitar um confronto com a realidade. E deixe-me lhe fazer uma pergunta: Como alguém consegue aproveitar as oportunidades apresentadas por uma mudança substancial sem explicar nitidamente o que não funciona mais, aonde todos querem chegar como equipe e a direção a ser seguida como organização?

— Não consegue — respondi sem hesitar.

— Exato. Por isso, esse tipo de comunicação não revela traço algum de liderança. Como costumo dizer, hoje em dia as pessoas no mundo dos negócios querem se cercar de indivíduos francos, que falem a verdade, sejam diretos e impressionantemente honestos. Expor a verdade *nua e crua*, e nada além dela, promove confiança e respeito. Seus clientes sabem que a conversa com você será sincera. Seus colegas de equipe sabem que você não está brincando. E você sabe que está se comportando com integridade e coragem. Sim, essa forma arrojada de comunicação é rara hoje em dia, mas, em meio a toda a incerteza, as pessoas querem saber onde estão. E gostam de indivíduos que estejam dispostos a dizer a verdade, mesmo que seja difícil. Um Líder Sem Status sempre tem as conversas difíceis das quais as pessoas mais fracas e não tão boas se esquivam. Esses líderes sempre se comunicam de maneira impressionantemente direta e real. Sempre são os primeiros a falar a verdade, mesmo com a voz trêmula e a palma da mão suada.

— Enfrentam as condições, como o esquiador no pico da montanha — arrisquei, refletindo sobre a metáfora de Ty.

— Gostei dele, Tommy — disse Ty. — E a propósito, só porque a pessoa com a qual você precisa falar nitidamente pode não gostar do que você diz, ou não entender, isso *não é* desculpa para deixar de se expressar com sinceridade. Um detalhe importante na demonstração de liderança é mais o comprometimento em falar com honestidade do que em receber a aprovação alheia.

Então, ele olhou para Tommy, que estava pálido de novo. Começou a ter dificuldade para respirar e, em seguida, começou a tossir. Fiquei preocupado com ele. Era a segunda vez, em poucas horas, que meu mentor não parecia bem. Em nosso primeiro encontro, na livraria, Tommy irradiava vitalidade, apesar da idade avançada. No cemitério, logo cedo, estava animadíssimo e parecia brilhar de tanta saúde. Entretanto, naquele momento, na loja de Ty Boyd, Tommy parecia frágil e doente.

— Está tudo bem, Tommy? — perguntei rápida e discretamente.

— Não sei o que está acontecendo, Blake — admitiu ele, hesitante. Ty pareceu preocupado.

— Podemos parar se você preferir, Tommy — disse.

— Não. Muito obrigado, senhores. Agradeço pela atenção, mas vou ficar bem. Quero que Blake aprenda tudo o que for necessário hoje, Ty. Eu acredito realmente que ele vai realizar coisas espetaculares com a filosofia LSS e divulgar nosso método pouco conhecido para todas as pessoas de negócio e na sociedade que estiverem dispostas a ouvir. Ele me prometeu isso. Portanto, é importante continuarmos.

— Cumprirei minha palavra, Tommy. Aprendi a importância do compromisso quando entrei para as Forças Armadas. E vou honrar nosso acordo — confirmei.

— Sei disso, meu amigo. Por favor, fale com o maior número possível de pessoas sobre a nossa filosofia. Assim, elas não só despertarão o próprio líder interior como também inspirarão outras pessoas a fazer o mesmo. Vamos continuar. Estou bem.

Ty assentiu com a cabeça.

— Certo. Uma organização que cultiva uma cultura em que *todos* têm medo de falar com franqueza é um lugar onde as pessoas vivem em meio *à ilusão e à fantasia*. Como você pode construir uma grande empresa se ninguém fala a verdade sobre as melhorias necessárias? E, sobretudo em tempos difíceis, é essencial não só a comunicação impecável, mas também a *supercomunicação* com cada uma das partes interessadas. Supercomunicação com fornecedores e clientes. É preciso ouvir intensamente como cada um desses indivíduos se sente. Isso impede que rumores e fofocas se espalhem e mantém as relações impecáveis. Problemas não proliferam e mal-entendidos não tomam grandes proporções. E as pessoas sentem que, na verdade, você se importa com elas e com os interesses delas. Aliás, relacionada a tudo isso está a questão do "tempo de contato cara a cara".

— Tempo de contato cara a cara? — perguntei.

— Sim. Nunca mande um e-mail se puder se encontrar com o destinatário pessoalmente. Deixe sua mesa e vá falar com um colega quando precisar de alguma coisa, ou somente para estabelecer um vínculo com as pessoas. Tome um cafezinho ou passe algum tempo de qualidade com os clientes, quanto puder. Não se esconda atrás da tecnologia quando houver necessidade de contato pessoal. E a última coisa que direi sobre a comunicação com sinceridade é que,

O LÍDER SEM STATUS

se algo é importante para *alguém que é importante para você*, deve ser importante para *você também*.

— Gosto dessa ideia, Ty. Se algo é importante para alguém importante para mim, deve ser importante para mim também.

— É um ótimo princípio para se incorporar, meu irmão. Tem me ajudado muito na administração desta loja. Alguns clientes compram aqui há vinte anos. Fazem um desvio do caminho rotineiro e chegam a levar uma hora para chegar aqui, só para comprar comigo. Lealdade é isso. O que estou tentando lhe dizer é que comunicação nunca é demais. E uma das tarefas mais importantes do Líder Sem Status é passar informações corretas, muita esperança e uma visão inspiradora para dias melhores a uma organização assustada. Seja um comunicador profissional. Faz parte do trabalho pelo qual você é pago.

— Às vezes, me pergunto se não vou ofender as pessoas com quem trabalho na livraria se for sincero — comentei, pensando na situação enquanto ouvia o que Ty tinha a dizer.

— Há uma diferença entre ser sincero e ser grosseiro, Blake. Use o bom senso. E simplesmente se lembre disto: você pode dizer o que *quiser*, desde que diga com *respeito*.

— Outra boa frase — reconheci de forma positiva.

— E que se traduz em excelentes resultados no ambiente de trabalho — interveio Tommy, enquanto folheava uma revista de esqui. Ele parecia se sentir um pouco melhor.

— É verdade — prosseguiu Ty. — Você pode falar com sinceridade e expressar tudo o que precisa dizer a qualquer pessoa, desde que seja formulado de maneira respeitosa e permita ao ouvinte proteger a autoestima. Isso é muito importante. As palavras podem ferir, cara. As pessoas ainda se lembrarão, mesmo depois de vinte anos, de algo que lhes foi dito e as magoou. As palavras têm muito poder. E, no entanto, a maioria de nós se esquece disso. Falamos de maneira áspera e ferimos as pessoas à nossa volta com o uso desmedido de nossas palavras. Escrevemos coisas que podem ser agressivas e usamos palavras capazes de insultar. Os melhores líderes agem de maneira diferente. Em *toda* interação, eles lembram as pessoas do que há de melhor nelas. E as inspiram a se tornar ainda melhores. Líderes excelentes também empregam palavras encorajadoras, apoiadoras e positivas, que levam os outros a uma ação dinâmica. Veja o que líderes como John F. Kennedy, Gandhi, Mandela e Martin Luther King Jr. conseguiram realizar só com o poder das palavras.

— Nunca pensei no poder das palavras.

— E que poder elas têm! Suas palavras podem revelar às pessoas possibilidades que elas nem imaginavam, podem fazer com que se sintam mais felizes consigo mesmas, podem fazer com que elas expandam os próprios comportamentos limitados e levá-las a realizar um trabalho brilhante, mesmo nos dias mais estressantes. Veja, Blake, se uma pessoa está cometendo muitos erros, a forma mais comum de lidar com ela é dizer: "Escute aqui, seu trabalho não está bom, você precisa melhorar." Mas esse tipo de comunicação desanima as pessoas. Seja sincero e objetivo, sim. Seja um líder decidido. E por que não dizer "Sei que você está se esforçando muito e gostaria de lhe falar sobre oportunidades de aprimorar ainda mais seu desempenho"? A maioria dos indivíduos no ambiente de trabalho fala de maneira muito negativa. Caem na armadilha de pensar que precisam ser duros para garantir resultados. Entretanto, conseguiriam muito mais se falassem de maneira incentivadora. Você pode dizer exatamente o que precisa usando palavras enaltecedoras. Tudo depende da linguagem. E os melhores comunicadores sabem disso. A propósito,

O LÍDER SEM STATUS

devo também mencionar que suas palavras podem influenciar o seu bem-estar.

— É mesmo?

— Sem dúvida. As palavras que saem de sua boca determinam como você se sente. Chamar uma situação desafiadora de "desastre" gera uma resposta emocional específica dentro de você, *completamente* diferente de quando você caracteriza essa mesma situação como "interessante" ou como uma "plataforma de aprimoramento". O vocabulário que usamos afeta nossa reação diante de um obstáculo, se será otimista ou apática. E saiba também que suas palavras nada mais são do que a verbalização de seus pensamentos. Sua linguagem transmite suas crenças.

— E nossas crenças orientam nosso pensamento, que, por sua vez, é responsável por todos os nossos resultados — sugeri.

— Sim. Os Líderes Sem Status são verdadeiramente impecáveis com as palavras que usam. Não fazem fofoca, não reclamam, não condenam e nunca xingam. As únicas palavras que tentam usar no dia a dia são as que inspiram, envolvem e enaltecem.

— Não só as pessoas em volta deles, mas a eles próprios.

— Isso mesmo — confirmou Ty. — Portanto, atente para *cada* palavra que usar. Você ficará surpreso ao ver como o refinamento de seu "vocabulário de liderança" aumenta seus níveis de energia, seu entusiasmo pela excelência, o ritmo da inovação e o modo como participa do jogo. As palavras que saem de sua boca também moldam as que saem das de todos à sua volta, pois você influencia os outros com seu exemplo. Palavras são como vírus. Então, se você usar a linguagem da liderança, toda a cultura de sua organização vai se aperfeiçoar. Devo dizer também que você vai *fortalecer* o que estiver falando. Se passar muito tempo resmungando e reclamando do estresse e da mudança que está acontecendo no trabalho, eles tomarão proporções ainda maiores a seus olhos. O que você foca cresce. E para onde vão as palavras flui a energia. Portanto, falar de uma coisa a amplifica em sua percepção, pois você está lhe dando muita atenção e concentrando muita energia. Como explicou o pai da psicologia moderna, William James: "Nossa experiência é aquilo a que damos atenção." Aprofunde-se nessa frase, cara. Ela é incrivelmente valiosa. Se você fala mal de um colega, fortalece os pontos negativos em seu pensamento. Se vive reclamando do que está errado em seu trabalho ou em sua vida pessoal, verá mais daquelas coisas que tanto quer evitar. As palavras têm poder.

— A liderança então tem muito a ver com o desenvolvimento de um vocabulário de liderança — reiterei, para melhor incorporar meu aprendizado.

— Com certeza, Blake. Que o uso de uma linguagem de primeira classe seja sua meta. E isso nos leva ao P, em SPARK. Significa priorizar. Com toda a turbulência nos negócios hoje em dia, é fácil desligar-se da missão, da visão, dos valores e das metas. Quando as coisas parecem estar desmoronando, há uma poderosa tentação de ceder às distrações. Mas os Líderes Sem Status não perdem o rumo. Permanecem centrados somente no que é mais importante. Eles têm a disciplina de permanecer arraigados no fundamental. E trabalham, e vivem, de acordo com uma ideia simples: focar-se no melhor e esquecer todo o resto. Seguir esse mantra é um dos principais segredos para alcançar resultados fantásticos. Outra maneira de enxergar a ideia magnífica que estou lhe passando é considerar que a liderança tem a ver com saber *muito pouco* sobre a *maioria* das coisas e saber *muito* sobre *poucas* coisas. Mas os líderes se tornam fantásticos naquelas poucas coisas que focam. Foco, foco, foco. Até o ponto da obsessão.

O LÍDER SEM STATUS

— A obsessão não é prejudicial? — perguntei.

— Não se for uma obsessão saudável. Desenvolver um desejo ardente de realizar um ótimo trabalho, porque ele é um instrumento para você expressar o que tem de melhor de maneira absoluta, é uma atitude incrivelmente saudável. Viciar-se na formação de uma organização excepcional, que oferece produtos e serviços extraordinários a outros seres humanos, é maravilhoso. O crescimento motivado por um forte interesse em transformar seus medos em poder e sua fraqueza em força é um objetivo tremendamente positivo. Por isso, digo que o foco obsessivo nas coisas que são mais importantes para você não é prejudicial. É assim que vencemos neste mundo repleto de escolhas e informações.

— Fico perdido no trabalho, Ty — admiti. — Não consigo me concentrar em uma única coisa por muito tempo. E com tantos telefonemas, e-mails e uma série contínua de interrupções, no fim do dia sinto definitivamente que estive ocupado, mas não fiz nada. E esse sentimento só aumenta a sobrecarga.

— E mesmo que você deixasse de ser ocupado e fizesse as coisas até o fim, é bom lembrar que isso *não* significa realizar coisas grandiosas. Nestes tempos de total incerteza e mudanças tumultuadas, muitas pessoas vivem para estar ocupadas. Muitas vivem correndo cada vez mais rápido, embora alcancem cada vez menos. Pense nisto constantemente: estar no processo de transição da *complexidade caótica* para a *simplicidade elegante*. Nestes tempos de turbulência e tumulto, é fácil perder o foco e manter-se magnificamente ocupado, em vez de ser produtivo na criação de resultados inteligentes. Mas para que ser magnificamente ocupado com metas inúteis? Não vale a pena passar os dias escalando montanhas para no fim concluir que se tratava das montanhas erradas. É um desperdício absurdo de

ROBIN SHARMA

seus três mais preciosos recursos de liderança: tempo, talento e, mais importante, energia. A energia pessoal é o patrimônio mais valioso nos negócios, hoje em dia. Você pode ser um gênio, ter um mundo de oportunidades maravilhosas e um plano para que elas aconteçam, mas se não tiver energia a cada dia nada vai acontecer. Com toda a turbulência e as profundas mudanças lá fora, nunca foi tão fácil se distrair e passar os dias fazendo as coisas erradas, valorizando excessivamente o que menos tem valor. Isso esgota sua energia. É muito mais sábio ser produtivo e focar resultados reais.

— Faz muito sentido, Ty.

— Os melhores líderes permanecem incrivelmente focados nos maiores afazeres. Têm a firme determinação de se concentrar quase de maneira militar nas melhores oportunidades e recusam qualquer desvio. Eles têm disciplina para permanecer no rumo certo e dizer não a todo o resto. Eu sei que pareço um CEO falando, mas sou apenas um sujeito comum. Porém adoro o grande jogo dos negócios e leio constantemente sobre isso. Tem muito a ver com esporte, é igualmente empolgante. De qualquer forma, o que estou sugerindo, Blake, é que você precisa mudar da complexidade para a simplicidade, removendo todas as atividades de baixo impacto de seus dias de trabalho com o objetivo de abrir espaço para um foco obsessivo em torno das atividades de alto impacto.

— São ideias muito boas, Ty — assenti.

— Não só li milhares de livros de negócios, mas também muitas biografias. Adoro ficar por dentro da vida das maiores personas da história. Percebo que a liderança e o sucesso são como um código secreto que a maioria desconhece. Todos os grandes realizadores seguem os mesmos princípios, e se eu fizer o que fazem, obtenho resultados iguais.

O LÍDER SEM STATUS

— Você decifrou o código — deduzi, enquanto tomava um gole de água.

— Exatamente — respondeu Ty, feliz com a minha afirmação. — Lembro-me de ter lido um livro sobre Michelangelo, o grande escultor. Ele tinha uma técnica formidável para realizar obras-primas: primeiro, visualizava a versão perfeita da escultura que planejava no bloco tosco de mármore. Depois, esculpia a pedra até a imagem mental que ele projetara se manifestar ali. A mesma ideia se aplica ao trabalho quando se é um Líder Sem Status. Jogue fora todo o material trivial e mãos à obra. Use cada minuto de seu tempo para fazer *apenas* aquilo que vai lhe aproximar do que você quer. Faça menos, porém faça coisas melhores, Blake. Porque o indivíduo que tenta alcançar tudo acaba com nada. Foco, foco, foco — repetiu, enfático.

Ty rapidamente acrescentou:

— Sugiro que você se lembre da regra 80/20: 80% de seus resultados vêm de 20% de suas atividades. Conecte-se profunda e intimamente com aquelas poucas e preciosas práticas responsáveis pela maioria de seus resultados. E então se torne bom, mas muito bom mesmo, nessas poucas coisas. Seja excepcionalmente econômico em suas ações e você vai se deparar com resultados excepcionalmente excelentes. Os Líderes Sem Status vivem e respiram seu Pouco Vital.

— Pouco Vital? — perguntei, diante de mais um termo desconhecido.

— Seu Pouco Vital são aquelas poucas atividades essenciais que têm o potencial de conduzi-lo à sua forma pessoal e única de maestria em liderança no trabalho — explicou Ty.

— E na vida, Blake — acrescentou Tommy. — As duas coisas estão sempre interligadas. Como disse Gandhi: "Não se pode estar bem na vida estando mal em alguma área dela. A vida é um todo indivisível." Sua vida pessoal sempre reflete no trabalho e vice-versa.

— Tommy está certo, Blake. Sei que você terá aprendido algumas ideias poderosas a respeito da vida até o fim do dia. Mas, por ora, insisto que focalize suas prioridades mais essenciais. Trabalhando da forma como estou sugerindo, você vai deixar de viver dias cheios de complexidade e estresse e vai começar a desfrutar horas ricas em produtividade e simplicidade. E, por incrível que pareça, como fará menos coisas, porém de maneira melhor, vai se divertir muito.

— Para ser prático — continuou Ty, mastigando um pouco mais de seu sanduíche —, sugiro que todas as manhãs, antes de sair para o mundo, você se dê um pouco de tempo em silêncio. Nesse período, arranje tempo para *pensar*. Às vezes, você precisa ir mais devagar para depois acelerar. Pensar em silêncio enquanto o restante do mundo dorme é uma técnica excelente para um desempenho excepcional. A reflexão gera intensidade de discernimento. E quanto mais definidos estiverem suas melhores oportunidades e seus maiores passos, mais rápido você chegará ao topo de suas montanhas. Essa prática, em si, já vai fazê-lo mudar de ocupado para mestre na produção de resultados inteligentes. E relacionado a seu momento de silêncio matinal está o hábito incrivelmente valioso de estabelecer uma meta por dia. Anna lhe falou dos cinco atos diários, Blake?

— Falou, sim. É uma ferramenta excelente. Uma das melhores táticas de liderança que aprendi até hoje, Ty.

— Esplêndido. Então recomendo que você anote todos os dias seus cinco atos diários. Isso vai lhe proporcionar um belo foco em suas prioridades essenciais. Estabelecer metas e escrever suas intenções no papel, para que se tornem nítidas e reais, em vez de vagas generalidades, não só desenvolve responsabilidade com as prioridades, como também promove a liberação de energia positiva. O que, por sua vez, o ajuda a atingir resultados com mais rapidez.

O LÍDER SEM STATUS

— E a letra A? — perguntei, sentindo que Ty estava pronto para me passar a parte seguinte da sigla SPARK, a fim de me ajudar na aplicação do princípio "Períodos turbulentos formam grandes líderes", da filosofia do Líder Sem Status.

— O A carrega a seguinte noção: adversidade gera oportunidade. Uma das melhores ideias que posso lhe passar é a de que *todo* obstáculo traz consigo uma oportunidade ainda maior. Toda maldição tem uma bênção correspondente. Todo fracasso aparente traz consigo algum bem, alguma porta que, se você tiver olhos para ver e coragem para atravessar, lhe trará ainda mais sucesso. "Quando está muito escuro, podemos ver as estrelas", diz um velho provérbio. Estou, na verdade, encorajando você a lembrar que cada adversidade traz consigo uma nova fonte de bens. E para cada sonho que morre, nasce um *ainda melhor*. Você só precisa reciclar seu cérebro para perceber as coisas de uma nova maneira. Os problemas nada mais são que plataformas para possibilidades ainda mais brilhantes. Na verdade, nenhuma condição é boa ou ruim. O modo como a *percebemos* é que a torna "ruim" ou "boa". A excelente notícia é que a percepção é algo que podemos controlar.

— Quando uma porta se fecha, outra se abre? — indaguei.

— Mais ou menos. Não significa apenas que, quando você cai, outra porta se abre para você, cara. Na realidade, a nova porta aberta representa uma chance de levá-lo a um lugar ainda mais notável que aquele em que você estava antes de cair. As crises contêm oportunidades *excepcionais*. Lembre-se de que os líderes mais fortes e poderosos se formaram por meio de batalhas e obstáculos. Se deixarmos, a adversidade liberta a nobre coragem em cada um de nós. Sentir-se ferido, desanimado e nocauteado faz parte do processo de fazer negócios nestes tempos de mudanças dramáticas.

147

A questão não é se você vai enfrentar desafios. Com certeza vai. A real questão é o que você quer fazer com as dificuldades e quando vai conseguir se levantar. E entenda também que, sem passar pelo vale das sombras, você pode achar que a conquista do topo é uma vitória sem importância.

— Você está certo, Ty. Eu me sinto melhor quando consigo as coisas após ter feito algum sacrifício. Acho que as vitórias mais valiosas na vida são aquelas mais difíceis de alcançar.

— E a adversidade realmente pode ser uma ferramenta para ajudá-lo a atingir as alturas com maior realização e felicidade. "Jamais aprenderíamos a ter coragem e paciência se só existisse alegria no mundo", afirmou a escritora e ativista Helen Keller. A liderança requer que você alavanque os momentos difíceis e use-os a *seu favor*, que encare os obstáculos como bênçãos disfarçadas. É preciso prática para pensar assim. E sei que você vai conseguir, Blake. Tenho plena convicção disso.

— Obrigado por dizer isso, Ty. Estou certo de que não quero mais bancar a vítima. E depois de hoje sei que não bancarei. Hoje está sendo o dia mais inspirador que já tive em anos. Sinto-me esperançoso, forte e poderoso novamente. Sinto agora que minha vida tem sentido e propósito. Sei que posso liderar e fazer profunda diferença por meio de meu trabalho, embora não tenha status ou um cargo importante. Mas quero ser honesto com vocês dois. Tudo que aprendi hoje faz muito sentido e parece perfeitamente praticável, mas e se eu acordar amanhã e aquela voz do medo que você disse que gritava na sua cabeça no pico da montanha surgir em minha mente? E se eu começar a seguir a filosofia do Líder Sem Status e as pessoas rirem de mim, como costuma acontecer? E se eu fizer o que vocês disseram, mas não conseguir me livrar das lembranças que me assombram desde a guerra, ou de meu passado?

O LÍDER SEM STATUS

— Agradeço a sinceridade, cara. Isso demonstra muita coragem. Você deve ter mais força do que reconhece. É preciso ter muita segurança para falar de suas inseguranças. E no momento em que se torna ciente de seus medos e os expressa em palavras, eles perdem o poder sobre você. Respondendo agora às suas perguntas, primeiro sugiro que não dê a *menor atenção* à opinião dos outros sobre você. Segundo, SSF — instrui Ty, em tom de mistério.

— SSF?

— Siga sempre em frente. SSF. Repito isso para mim mesmo toda vez que me sinto empacado. O segredo para passar pelos momentos difíceis é *seguir sempre em frente*. A cantora Joan Baez expressou isso com perfeição: "A ação é o antídoto para o desespero." *Em condições desafiadoras*, apenas se mantenha em *movimento*. Apenas continue fazendo as melhores escolhas que puder e partindo para a ação tanto quanto for humanamente possível. Por mais difícil que seja, continue progredindo e saia do atoleiro. Aja no sentido de sair das condições desfavoráveis. Lembre-se de que cada ação positiva gera uma consequência positiva, mesmo que você não veja o bom resultado imediatamente. Essa é uma lei natural, cara. Ações excelentes em condições negativas *devem* necessariamente produzir efeitos excelentes no fim das contas.

— Bastante útil essa visão. Muito útil, mesmo. Devo me manter em movimento quando começar a duvidar e a me sabotar — murmurei.

— Às vezes o sucesso não implica tomar a decisão certa, mas apenas tomar *alguma* decisão. E a partir daí seguir em frente com velocidade e elegância — indicou Ty, esticando os braços e respirando bem fundo. Creio que seja alguma técnica de atleta de elite para se energizar. — O fato é que evitar decidir já é uma decisão. Não fazer nada é uma decisão. Ficar estagnado em meio à mudança é uma decisão. Esteja sempre em movimento, nunca fique parado. Os japo-

149

neses dizem: "Seja derrubado sete vezes, levante-se oito." Quando se sentir desanimado e tiver vontade de desistir, siga sempre em frente. SSF. Dê um passo adiante, mesmo que não tenha certeza sobre aonde está indo. O movimento em frente tem poder. Não fazer nada em períodos turbulentos é a *pior* atitude. A estagnação é o começo do toque gélido da morte, irmão. Confie em mim nisso também.

— Parte do que você diz é que devo persistir mesmo nos momentos difíceis, quando enfrento a adversidade, certo, Ty?

— Isso mesmo. Paciência e persistência. Duas extraordinárias virtudes de liderança, necessárias para atravessar períodos desafiadores e cheios de mudança. Como lhe disse antes, quando falava sobre ensinar os esquiadores a se aperfeiçoar, você precisa exercitar essas duas qualidades para administrar a mudança e viver a transição de onde estava para onde quer estar. É incrível a distância que você consegue percorrer quando decide não desistir, quando entende que o fracasso *não é* uma opção. Que você é uma pessoa que simplesmente se recusa a perder. Winston Churchill definiu muito bem: "Nunca se entregue — nunca, nunca, nunca, em nada grandioso ou pequeno, excêntrico ou banal, nunca se entregue, exceto às condições de honra e bom senso." E, a propósito, é melhor cair nas chamas do fracasso por ter ido atrás de suas mais altas ambições do que passar os melhores momentos de sua vida no sofá vendo TV.

— Isso eu preciso anotar, Ty — repliquei sorrindo. Peguei um pedaço de papel no balcão e registrei a citação de Ty.

Ele prosseguiu.

— Em meu negócio, é essa atitude que tenho. Se eu cair sete vezes, me levanto oito. É o tipo de conta que faço para enfrentar a dificuldade. Levantar oito vezes se cair sete. E se aparecer um muro no caminho, que me impeça de alcançar minha meta, faço o que for

O LÍDER SEM STATUS

necessário para escalá-lo, ou, se não puder subir, para contorná-lo, passar por baixo ou até mesmo atravessá-lo. Não desisto, cara. Sou derrubado, fico ensanguentado, mas limpo o sangue e tento chegar ao outro lado da barreira entre mim e meu objetivo. Se quiser vencer nos negócios hoje em dia, você precisa ser forte e comprometido com o sucesso.

— É mesmo? — perguntei.

— Com certeza, Blake. Acredito totalmente que parecer tolo é desconfortável por um minuto, mas deixar as dúvidas e os medos tomarem conta de você é desconfortável pelo *resto da vida*. Nossa, me parte o coração ver como pessoas pequenas brincam com a própria carreira e a própria vida. As palavras do famoso psicólogo Abraham Maslow me vêm à mente: "Geralmente temos medo de nos tornar aquilo que vislumbramos em nossos momentos mais perfeitos." Por favor, preste bastante atenção nisto: só porque você não consegue ver seu líder interior implorando para despertar e as oportunidades ilimitadas que existem fora de você, isso não significa que não existam. E eu *realmente* acredito que obstáculos só surgem para medir a intensidade de seu desejo por algo. Os percalços nada mais são do que testes para ver se você está preparado para as recompensas disponíveis. A maioria das pessoas desiste assim que vê uma muralha na frente. Eu, não.

— Muito bem, amigos — disse Ty, começando a polir um par de esquis. — Sei que vocês têm mais dois professores para visitar antes do fim do dia, e eu preciso voltar ao trabalho. Por isso, vou terminar o significado da sigla SPARK. A letra R significa "responder *versus* reagir" em um período de turbulência. A armadilha em que muitas pessoas de negócios caem diante de desafios é o pânico: ficam apavoradas e passam horas apagando incêndios. Levantam-se cedo, vão ao trabalho e desperdiçam tempo sendo *reativas*. Em vez de se colocarem acima da confusão toda, são sugadas pela confusão e se tornam parte dela. Tornam-se *parte do problema*, em vez de demonstrar liderança se tornando a fonte da solução. Não crie o hábito de reagir aos desafios no trabalho, cara. Torne-se mestre em *responder* aos desafios. Seja elegante sob pressão. Pare de se preocupar com todas as coisas que não pode controlar e dedique-se a aprimorar as áreas que pode. Tome uma *iniciativa*. Mostrar iniciativa significa simplesmente que você é o indivíduo em sua equipe que dá início às coisas. Seja empreendedor. Faça os resultados acontecerem, enquanto os outros aguardam ser liderados. Lembre-se de que o melhor momento de todos os líderes ocorreu quando tudo parecia estar desmoronando. Em vez de ficar paralisados de medo, permaneceram calmos, mostraram excelência e viraram o jogo. Estou falando de jogo sério. Estou falando de ter *verdadeira* garra e a habilidade *superior* de filtrar o barulho nesta era de distrações sufocantes. Lembre-se sempre de que a iniciativa e o trabalho duro são um aquecimento para a atração principal, que se chama sucesso.

— Aprendi a importância da energia e o valor do trabalho duro no Exército. Quanto mais me esforçava e praticava as habilidades que aprendíamos no treinamento básico, melhor eu me tornava. Parece que é muito fácil esquecer que, para alguém se tornar excelente em alguma coisa, é preciso dedicar tempo. E a letra K, em SPARK? — perguntei.

— Vem da palavra inglesa *kudos*, que significa elogio. É para você se lembrar de elogiar. Para ser um Líder Sem Status, você precisa ser fonte de inspiração e louvor em um mundo que parece apenas celebrar as piores coisas. Lance uma luz sobre as pessoas. Lembre-se de que elas precisam ser reconhecidas, mesmo pelas menores coisas que

O LÍDER SEM STATUS

fazem, diante da adversidade e de momentos estressantes. Viva todos os dias, até o fim de sua vida, sendo um daqueles raros indivíduos que encorajam os esforços dos outros, que veem o que há de bom nas pessoas e aplaudem até os menores atos positivos de cada um. A maioria das pessoas acha que ser líder significa corrigir e criticar os outros quando fazem coisas erradas. Isso não é verdade. A verdadeira liderança tem muito mais a ver com aplaudi-los quando fazem a coisa certa. Quando elogiar seus colegas de equipe, lembre-se de que a maioria das pessoas não sabe o que fazer com o elogio sincero. Mas só porque o elogio pode não ser recebido com entusiasmo, isso não significa que não deva ser feito.

— Excelente ponto, Ty. Já caí nessa armadilha, deixando de elogiar uma pessoa por medo de ser rejeitado. Preciso superar isso — admiti.

— Isso mesmo, Blake. De qualquer forma, comprometa-se com celebrar apaixonadamente o bom trabalho das pessoas ao seu redor. Reconheça a excelência. Elogie o ótimo trabalho. Honre a maestria. Não espere que seu gerente faça tudo isso. Faça *você mesmo*. Seja um Líder Sem Status. Seja um Líder Sem Status, cara!

A SEGUNDA CONVERSA SOBRE LIDERANÇA
DA FILOSOFIA DO LÍDER SEM STATUS

Períodos turbulentos formam grandes líderes

AS CINCO REGRAS

Sinceridade
Priorizar
Adversidade gera oportunidade
Responder *versus* reagir
Kudos, elogios para todos

PASSO PARA A AÇÃO IMEDIATA

Primeiro, escreva em seu diário a respeito da maior oportunidade de conduzir uma mudança positiva em sua organização. Em seguida, anote o motivo de sua resistência. Por fim, faça uma lista das três recompensas mais significativas que vai receber se ampliar seus limites e der início à mudança.

CITAÇÃO DE LIDERANÇA PARA RECORDAR

A vida começa no fim de sua zona de conforto.
— *Neale Donald Walsch*

6

A terceira conversa sobre liderança: Quanto mais profundos forem seus relacionamentos, mais poderosa será sua liderança

> O ingrediente mais importante na fórmula do sucesso é saber se relacionar com as pessoas.
> — *Theodore Roosevelt*

> Você consegue o melhor dos outros quando dá o melhor de si.
> — *Harry Firestone*

Enquanto Tommy e eu íamos de carro até a Biblioteca Pública de Nova York, lhe agradeci por ter me apresentado a Ty. No pouco tempo que passamos juntos, aquele ex-campeão de esqui exerceu uma grande influência em mim. Ty e Anna tinham feito algo que, sem dúvida, estava causando uma transformação em meu ser. Após conhecer esses dois líderes especiais, vi com um discernimento excepcional que o foco dos Líderes Sem Status é exatamente este: *causar transformação e melhorar as coisas.*

A caminho de nosso destino, Tommy e eu nos aprofundávamos no significado da liderança e nos métodos pelos quais ela pode ser

ROBIN SHARMA

demonstrada. Falávamos sobre como, nos dias atuais, a vida de cada pessoa deve ser voltada para ser uma Líder Sem Status e mudar da condição de vítima para um compromisso diário com a liderança. Refletimos também sobre o princípio "Você não precisa de um cargo alto para ser líder", que Anna havia me passado de maneira tão generosa junto com as cinco regras da sigla IMAGE, e que agora eu podia usar para ter certeza de que as ideias aprendidas se traduziriam em resultados fantásticos. Tommy e eu dissecamos vigorosamente o princípio "Períodos turbulentos formam grandes líderes", que o inesquecível deus da neve Ty Boyd me revelou, afirmando o poder de SPARK e explicando que qualquer pessoa é capaz de usar as cinco práticas da sigla para brilhar num mundo cheio de escuridão. Além disso, continuei expressando minha sincera preocupação — embora já tivesse experimentado mudanças profundas nas conversas com os professores — com a possibilidade de ter uma recaída e perder as dádivas incríveis que havia recebido nas últimas horas daquele dia incomum.

— Você não vai falhar — prometeu Tommy. — Comece com pequenos passos, e logo eles se converterão em hábitos. É mais ou menos como fazer uma trilha nova na floresta, nunca antes experimentada. A princípio, parece um caminho incerto, e você se sente um pouco perdido. Mas, quanto mais andar por ela, mais familiar ela se torna. E logo você percebe que possui habilidade para percorrê-la de olhos fechados. Ser um Líder Sem Status acaba se tornando parte de sua natureza. Lembre-se de que *pequenas melhorias diárias*, com o tempo, geram resultados *estonteantes*. A mudança é sempre mais difícil no começo, mas a boa notícia é que depois fica cada vez mais fácil. E você se sentirá cada vez melhor, Blake, o Grande — disse Tommy em um tom encorajador, chamando-me da mesma forma que Anna havia feito algumas vezes no hotel.

O LÍDER SEM STATUS

— Agradeço muito pelo apoio. E vou poder contar sempre com você, certo? Quero dizer, você é meu mentor agora — completei, confiante.

Tommy ficou quieto enquanto nos aproximávamos da biblioteca.

— Ficarei ao seu lado tanto quanto for possível, Blake. Tenho 77 anos. Não sei o que o futuro me reserva. Mas não se preocupe, meu amigo. Está tudo bem.

Eu não tinha certeza sobre como interpretar o comentário de Tommy. Mas ele começou a sorrir novamente, então não pensei muito no assunto.

— Mais dois encontros e teremos terminado, Blake. Mais dois professores e você vai conhecer os quatro princípios da filosofia do Líder Sem Status. Estará em um estado de maior prontidão para voltar para a livraria, e para sua vida pessoal, com todo o discernimento e todas as práticas necessárias para demonstrar o melhor de sua liderança. E fazendo um trabalho de primeiro nível. Não só sua carreira na Bright Mind Books decolará, como seus níveis de realização pessoal também vão chegar às alturas. Isso me lembra das palavras de John F. Kennedy: "A definição de felicidade é o uso pleno de seus poderes no caminho da excelência." A propósito, o professor que você vai conhecer agora passou boa parte da carreira em Xangai. Era CEO de uma empresa multibilionária de tecnologia que empregava mais de 25 mil pessoas. Um sujeito incrivelmente inteligente, devo lhe dizer. Um pouco parecido com você — acrescentou Tommy com um sorriso, enquanto colocava um par de óculos escuros de lentes azuladas, muito bacanas, que tirou do porta-luvas do Porsche.

Aquele sujeito era uma verdadeira obra de arte. Totalmente autêntico. Eu torcia para que mantivéssemos contato dali em diante. Tommy evidentemente não era só um modelo fora de série de Líder

157

ROBIN SHARMA

Sem Status, mas também um exemplo soberbo de ser humano maravilhoso. Quem dera houvesse mais pessoas como ele.

Eram quase três horas da tarde quando subimos a grandiosa escadaria da Biblioteca Pública de Nova York. Tetos altos e corredores majestosos nos recepcionavam enquanto caminhávamos depressa, ansiosos pelo próximo encontro. Eu me sentia em paz ali. Não só porque Tommy estava ao meu lado, mas também porque me via mais uma vez cercado de livros.

— Vou levá-lo até o teto, Blake. Aposto que você nunca esteve lá.

— Não, nunca — admiti. — Na verdade, eu nem sabia que tinha algo que valesse a pena ver lá em cima.

— Tem, sim, meu amigo. Ah, se tem — retrucou Tommy misterioso, enquanto subíamos lentamente pelo elevador até o topo do prédio.

Quando chegamos ao topo, fiquei admirado com o que vi. Admirado, não, *assombrado*. Um enorme terraço de pedra, coberto por um jardim espetacular no telhado, proporcionava uma visão panorâmica magnífica da cidade de Nova York. Flores estonteantemente coloridas, organizadas em fileiras perfeitas, estavam dispostas de ponta a ponta, muitas delas com etiquetas que identificavam o nome e a origem da espécie. Estátuas ricamente entalhadas com caracteres chineses antigos decoravam o espaço, enquanto esplêndidas guirlandas de orquídeas enfeitavam as paredes. A fragrância no ar era mais que incrível. Era tudo absolutamente mágico. E do sistema de som ecoava música clássica. Eu nunca tinha visto nada igual.

De repente, um homem saiu de trás de uma das gôndolas de madeira cheias de flores. Fiquei espantado. Não via o rosto dele porque usava uma máscara como aquela de *O fantasma da ópera*. E o estranho entoava as mesmas palavras repetidamente, como um monge recitando suas preces matinais:

O LÍDER SEM STATUS

— São as pessoas. São as pessoas. São as pessoas!

Fiquei assustado. Olhei para Tommy imediatamente, querendo ver se ele estava bem. Não tinha ideia do que aquele maluco imprevisível era capaz de fazer.

— Vamos embora! — gritei.

— Não vamos, não — gritou ele de volta, completamente à vontade.

Tommy não parecia nem um pouco preocupado. Permanecia firme entre as fileiras de flores, com os braços cruzados e um olhar de pura diversão. Logo um sorriso lhe iluminou o rosto.

— Ora, ora, Jackson, não vamos assustar o novato — disse Tommy.

O estranho estacou. A máscara foi caindo lentamente. Era um homem de expressão gentil, com sessenta e poucos anos, imaginei. Era uma mistura de Sean Connery e Confúcio. Sei que tal imagem pode ser difícil de visualizar, mas foi a minha impressão. E o calor da personalidade dele era evidente.

— Este deve ser o famoso Blake, da livraria — disse o homem, de maneira gentil. Com as duas mãos, ele segurou a minha, como faria um hábil político. Não só me acalmei, percebendo que aquele era o terceiro professor, mas também comecei a me sentir muito importante pelo modo como fui descrito. Ele parecia totalmente focado em mim. O mundo em volta não tinha importância. Já tinha ouvido falar de indivíduos com habilidade para fazer os outros se sentirem as pessoas mais respeitadas do local. Aquele professor era um desses indivíduos.

— Blake, quero lhe apresentar Jackson Chan. Outro grande amigo.

— Venha cá, Blake. Eu não quis assustá-lo. Só quis fazer seu coração bater um pouco mais rápido e lhe proporcionar um pouco de diversão neste mundo terrivelmente chato em que vivemos. A vida se tornou séria demais para muitas pessoas. Todo mundo está sempre muito ocupado dando conta de muita coisa em pouco tempo. Precisamos relaxar e nos divertir um pouco. Só estava tentando fazer você rir. Desculpe-me se exagerei. Você pareceu meio preocupado. Foi mal! — declarou Jackson, sincero.

— Sem problemas. SSF — repliquei, aplicando sem esforço as lições de liderança de Ty. Surpreendia-me quanto os ensinamentos estavam se manifestando em mim. Talvez esse sistema ao qual Tommy estava me expondo tivesse algum desígnio especial que eu ainda não percebera, mas que facilitava a aceitação mais do que eu havia imaginado. E como Anna e Ty haviam mencionado, as siglas serviam para tornar as regras inesquecíveis. Em nosso primeiro encontro, Tommy havia dito que o aprendizado seria "automático". Agora eu começava a perceber que ele falara a verdade.

— Pelo jeito, ele já conheceu o Garoto do Esqui — brincou Jackson.

— Sim. Acabamos de conversar com ele, antes de vir para cá. Muito obrigado por nos receber — disse Tommy, de maneira cortês.

— É sempre um prazer. Como ele está? Falando sério, Blake, você acabou de conhecer um gênio na arte de converter condições difíceis em resultados maravilhosos. E ele é uma pessoa adorável — observou Jackson afetuosamente.

— Ele está muito bem. Cheio de entusiasmo e visão, como sempre — respondeu Tommy. — Mandou lembranças e disse que logo vem visitá-lo.

— Ótimo — disse Jackson, animado. — Então, Blake, soube que você é veterano de guerra. Antes de começarmos, quero lhe agradecer. Serei sempre muito grato. — Foram as palavras simples que ele usou para expressar apreço.

— Não tem de quê, Jackson. — Foi minha sincera resposta.

— Bem, o que vocês gostariam de beber? — perguntou Jackson delicadamente. — Tenho café, chá e água. E acabei de assar biscoitos de chocolate, daqueles com gotinhas crocantes — acrescentou, mais parecendo um calouro na faculdade do que um excelente ex-CEO.

— Biscoitos parece perfeito — respondi, enquanto nosso anfitrião se afastava, passando por uma porta corrediça e logo voltando com uma bandeja cheia de biscoitos que me lembraram os de minha mãe. O aroma me deixou um pouco melancólico. Sentia muita falta dela.

— Então você fica aqui, neste terraço magnífico, comendo biscoitos o dia todo — comentei, me recompondo.

— Mais ou menos — respondeu Jackson, começando a comer um biscoito, saboreando-o devagar e de olhos fechados.

— Ele é o jardineiro daqui, Blake. O grande visionário responsável por transformar uma área que nada mais era do que terra e concreto nesta maravilha que você está vendo. Ele viu um oásis de beleza onde a maioria das pessoas veria um lixão. E, mais importante, *agiu* de acordo com essa visão, gerando os resultados espetaculares que você vislumbra agora.

O jardim era esplendoroso. Jackson devia ter sido muito criativo na vida como homem de negócios.

— Impressionante mesmo — concordei. — Nunca vi nada assim na minha vida.

— Depois que abandonei o título de CEO, alguns anos atrás, voltei para Nova York. Xangai era incrível, mas eu sentia muita falta deste lugar. Precisava voltar para casa. Tive a felicidade de não precisar mais trabalhar graças ao sucesso de minha carreira empresarial, por isso decidi ir atrás de minha maior paixão: a jardinagem. Quando um amigo, membro da diretoria desta biblioteca, me trouxe aqui certa manhã para me mostrar a vista, tive um insight. Naquele momento, resolvi transformar este espaço no jardim mais magnífico que qualquer um por aqui já pudesse ter visto. Foi uma de minhas maiores vitórias, Blake. Planejamos abri-lo ao público em breve. Assim todos poderão desfrutar a dádiva que temos o privilégio de vivenciar agora.

— E você vai receber os visitantes com aquela máscara? — perguntei, em tom de brincadeira. — Para ser bem sincero, você quase me matou de susto.

Jackson sorriu, entendendo minha atitude brincalhona.

— Gostei dele, Tommy. Obrigado por trazê-lo aqui. Um de meus compromissos pessoais é me cercar apenas de pessoas boas, motivadas e positivas, que façam com que eu me sinta feliz. Vejo que ele pertence à tribo. Então vamos pôr a mão na massa — declarou Jackson, trocando rapidamente de marcha. — Sei que você já deve ter ouvido muito sobre a filosofia do Líder Sem Status até agora. Tommy foi um de nossos melhores alunos, por isso você teve muita sorte em esbarrar nele.

— Foi ele quem esbarrou em mim — expliquei, olhando para Tommy, que levantou o polegar em sinal de aprovação.

— Ótimo. Minha tarefa hoje, aqui, é lhe passar o terceiro princípio da filosofia, além de uma sigla que explica as cinco regras práticas para que o princípio se torne realidade.

— Qual é o princípio?

— Infelizmente, ele é com frequência esquecido neste mundo extremamente acelerado e movido pela tecnologia em que fazemos negócios hoje em dia. E eu o defino em uma única frase: Quanto mais profundos seus relacionamentos, mais poderosa sua liderança. O principal objetivo nos negócios é conectar-se às pessoas e agregar valor a elas. Esse é um ponto extremamente importante para se recordar, à medida que constrói sua carreira e desenvolve uma vida bastante recompensadora.

Uma das coisas que reconheci ao encontrar cada um dos professores foi que, além de me passarem ideias poderosas que me ajudariam

O LÍDER SEM STATUS

a ser líder em minha organização, todos enfatizavam a importância de ter uma vida feliz e significativa. Fazia todo sentido para mim. Eu já estava quase totalmente comprometido em ser um Líder Sem Status e expressar meu melhor absoluto quando voltasse ao trabalho na segunda-feira. Eu me sentia inspirado e pronto para entrar no jogo com garra total. Mas, cada vez mais, eu me tornava fortemente dedicado a reinventar minha vida pessoal. Meu tempo de serviço militar me deixara confuso e sem esperança. Minha namorada e eu parecíamos ter problemas demais. Minha saúde não estava muito boa. E eu quase nunca conseguia me divertir com alguma coisa. Agora eu finalmente estava pronto para progredir de verdade, e tinha as ideias e as ferramentas para isso.

— Os negócios, na verdade, têm a ver com pessoas, Blake. Uma empresa nada mais é que uma aventura humana unindo pessoas em torno de algum sonho maravilhoso que as inspira a expressar o melhor de seus talentos e a contribuir com seus ricos valores com aqueles por elas servidos. Com toda a tecnologia, o desequilíbrio, a concorrência e a transição no mundo dos negócios atual, muitos de nós esquecemos que o jogo todo tem a ver com relacionamentos e vínculos humanos. No ritmo em que as pessoas trabalham, é fácil sacrificar os relacionamentos em prol dos resultados. Mas a ironia é que, quanto mais fortes forem os vínculos entre você e seus colegas de equipe e clientes, mais poderosos serão os resultados. Na verdade, devo acrescentar que outra finalidade dos negócios é ser profundamente útil. Sei que parece simples, mas fazer negócios é mesmo muito simples. E os empresários mais bem-sucedidos e as melhores organizações se apegam ao que é essencial, em vez de complicar as coisas. Os negócios são um meio de ajudar outros seres humanos, mobilizar os funcionários para que percebam o potencial que possuem e ajudar os clientes a atingir as mais altas aspirações.

163

ROBIN SHARMA

— Parece tão correto, Jackson, essa ideia de que os negócios são basicamente um meio de ajudar outras pessoas.

— A verdade sempre parece correta — completou ele gentilmente. Absorvi suas palavras e, em seguida, disse:

— Parece que a atual crença dominante é a de que os negócios são *puramente* um meio de ganhar dinheiro.

— Pois é. Mas veja um conceito encorajador: quando você desperta seu líder interior e dá mais valor aos envolvidos no negócio do que se esperaria, o resultado inevitável é uma fila de pessoas diante de sua porta. Você não só sente aquela sensação boa de fazer o bem, como também os lucros de sua organização serão espantosos. O dinheiro segue a *contribuição*. Quanto mais valor você criar para todos os participantes, de colegas a clientes, maior e mais incrível será o sucesso financeiro de sua organização. E maiores serão suas conquistas na carreira.

— Então quer dizer que basta eu me concentrar em tratar as pessoas bem e ser consideravelmente prestativo em todos os sentidos possíveis para que o sucesso pessoal seja o resultado inevitável?

— Isso mesmo. Como eu disse, fazer negócios é simples. Só que complicamos as coisas. Empresários sábios deixam tudo mais fácil.

— Faz muito sentido. O interessante, porém, é essa filosofia ser tão incomum no mundo atual.

— O bom senso não é mais tão comum, Blake. Mas agora isso está mudando, e rapidamente. E as pessoas que não compreenderem essa nova maneira de fazer negócios vão ficar para trás. Os velhos valores que antes norteavam as pessoas caíram por terra. Não funcionam mais nessas condições completamente diferentes em que nos encontramos hoje. A tecnologia, a globalização e o grande turbilhão que agita a sociedade criaram um universo novo nos negócios. Seria

O LÍDER SEM STATUS

insano pensar que conseguiremos nos virar nele usando as mesmas velhas táticas. E todos os que resistirem às mudanças e se apegarem à tradição serão extintos, como outros dinossauros que não puderam evoluir quando as condições mudaram, milhões de anos atrás. As organizações que vão dominar a indústria e construir marcas mundialmente apreciadas serão as que desenvolverem Líderes Sem Status em todos os níveis da empresa e priorizarem as pessoas e seus relacionamentos.

Olhei ao redor do jardim e refleti sobre o ensinamento de Jackson.

— Enfim, o que de fato estou dizendo é que você precisa tratar as pessoas de maneira excepcionalmente boa se quiser de fato atingir seu mais alto potencial nos negócios. Desdobre-se por seus clientes e faça o possível para desenvolver as habilidades de seus colegas.

— O desenvolvimento dos funcionários não é tarefa do meu gerente, Jackson? Ou do pessoal de recursos humanos? — perguntei francamente.

— Não de acordo com o novo modelo de liderança que você está aprendendo hoje, meu amigo. Não se você quiser ser um Líder Sem Status. Se quiser vencer, precisa ajudar os outros a vencer. E parte desse esforço é *fazer o possível* para construir uma cultura de alto desempenho em sua organização. Uma cultura em que todos compreendam como podem ser excelentes. Por isso, parte de seu trabalho agora é despertar nas pessoas a grandeza que elas nunca enxergaram em si mesmas — disse Jackson, inspirado.

Ele fez uma pausa e cheirou uma rosa. Então continuou:

— Não seja um dinossauro! Você será eliminado se for — acrescentou, com a voz elevada porém sempre respeitosa. — Seja um Líder Sem Status! Agora você sabe muito bem que não precisa de um cargo para ser líder, não precisa ser gerente para despertar o melhor em seus colegas e exercer uma influência magnífica na cultura de sua organização. Você não precisa ser um executivo para construir relacionamentos extraordinários com todos os participantes, a ponto de fazer com que eles idolatrem seus produtos e vibrem com seus serviços. Só precisa se dedicar diariamente a expressar seu melhor absoluto e fazer uma diferença fantástica em outras vidas humanas. Basta isso, Blake. E se estiver cercado de pessoas engajadas, animadas e soberbas, trabalhando cada qual no mais alto nível de sua capacidade individual, sua organização terá um sucesso esplêndido não só em momentos de prosperidade, mas também nos dias de dificuldade. Se você der uma olhada nas melhores empresas do mundo, verá que cada uma delas contou não só com equipes que se desempenhavam em seu máximo potencial, mas também com grupos que mantinham os relacionamentos mais impressionantes. Veja, Blake, fazer negócios nada mais é que manter um tipo de conversação. E se a cultura do lugar em que você trabalha se esquece de manter essa conversação e alimentar os vínculos humanos entre vocês, a conversação logo cessa e os negócios começam a ir mal.

Jackson caminhou até uma pequena caixa de ferramentas e abriu uma gaveta. Tirou de lá um saquinho e voltou até mim. Tommy estava meio distante, ora admirando os arranha-céus, ora fixando o olhar nas flores exóticas do jardim.

— Abra isto — pediu gentilmente Jackson.

Segui a instrução e abri o saquinho. Havia um punhado de sementes.

— Hoje, toda minha vida gira em torno da jardinagem, Blake. Nunca deixa de me surpreender o fato de eu pegar essas sementinhas que parecem estéreis e, com cuidado e paciência, deixá-las se desenvolver e se transformar nas mais maravilhosas plantas que seus olhos já vislumbraram. A mesma ideia está no princípio que hoje par-

O LÍDER SEM STATUS

tilho com você. Se fizer com que um ótimo relacionamento com as pessoas, sejam funcionários da livraria, sejam clientes cuja vida você toca todos os dias, seja sua prioridade número um, você vai alcançar todo o sucesso e a felicidade na carreira que conseguir manejar. Mas, assim como na jardinagem, é preciso esforço e muita paciência. Você precisa regar constantemente as pessoas e o vínculo que possui com elas, se é que me entende. As recompensas excepcionais que começará a ver vão fazer com que tudo valha a pena. Como dizem os mais sábios jardineiros: "Você colhe aquilo que planta."

— Muito interessante, Jackson. Agora entendo que tenho inventado desculpas nestes últimos anos. Eu dizia que, como não tinha um cargo importante, também não tinha poder para construir a equipe e moldar a cultura de nossa organização. Eu me queixava de estar sempre ocupado demais para ajudar os outros à minha volta a expressar o melhor da liderança deles e despertar-lhes o líder interior. Colocava a culpa em qualquer coisa, em vez de fazer o que podia. Eu realmente era uma vítima triste, malsucedida e empacada.

— E as pessoas com quem trabalha o incentivaram e o apoiaram no dia a dia da empresa?

Fiz uma pausa.

— Na verdade, não. Não acho que me encaixo muito bem. Não me sinto parte da equipe. Não tenho a sensação de estar ligado a alguém.

— Pudera. Você não está se esforçando para formar um relacionamento com elas. Até hoje você podia dizer que simplesmente não tinha tempo para estabelecer vínculos com seus colegas. Meu encorajamento seria lhe dizer que você *não* pode se dar ao luxo de não passar algum tempo se relacionando com as pessoas com as quais convive a maior parte do dia. Pense nisso, Blake. Você passa as melhores horas dos melhores dias dos melhores anos da vida com as pessoas com quem trabalha. Não seria bom conhecê-las e ter um ótimo relacionamento com elas? Dessa forma, você vai fazer amigos. Vai sentir que faz parte do grupo. Terá a sensação de estar no meio de uma comunidade encorajadora. E quando seus colegas perceberem seu apoio, a atitude deles vai ser recíproca. A lei da reciprocidade é uma das mais poderosas leis que regulam os relacionamentos humanos. Quando você ajuda os outros genuinamente, eles fazem de tudo para genuinamente retribuir. Quando você apoia um colega, ele também vai apoiá-lo. É a natureza humana em ação. Faça com que os outros sejam bem-sucedidos, e eles farão o mesmo por você. Mas antes que uma pessoa lhe estenda a mão, você precisa *tocar o coração* dela. E, por favor, lembre-se de que os Líderes Sem Status ajudam as pessoas a conquistar mais como equipe do que conquistariam sozinhas. Esse é um ponto-chave. Lembre-se também de que os Líderes Sem Status sempre dão o primeiro passo. Não espere que alguém o procure antes de você iniciar o processo de ligação. Abra caminho.

— Tornar-me, eu mesmo, a mudança que quero ver — arrisquei, parafraseando a citação de Gandhi.

— Exatamente. Dê aquilo que você *mais quer* receber. É um dos ensinamentos mais valiosos que posso lhe passar. Se quer apoio, dê mais apoio. Se quer um reconhecimento maior, dê mais reconhecimento. Se quer mais respeito, precisa respeitar primeiro. E tudo voltará para você em um fluxo. O ato de dar inicia o processo de receber.

— Legal. — Foi meu primeiro pensamento e resposta.

— Também tenha em mente que a *melhor* maneira de inspirar seus colegas a se tornar os líderes naturais que devem ser é dar o exemplo de maestria em liderança. Tenho certeza de que você ouviu isso várias vezes hoje, mas preciso repetir, porque é essencial: liderar pelo exemplo é uma das ferramentas mais poderosas para influenciar de forma positiva a mudança em outras pessoas. Ninguém gosta que lhe digam

O LÍDER SEM STATUS

que é preciso se transformar. Faz parte de nossa natureza resistir ao controle. Por isso, forçar as pessoas a se tornar aquilo que você sabe que elas podem ser gera um bloqueio, e elas sentem que você está lhes suprimindo a liberdade pessoal. Mas quando você se destaca no fulgor de seu melhor absoluto, dá aos outros uma visão do que é possível para eles. Quando cada gesto seu demonstra liderança extraordinária, seu exemplo facilmente inspira seus colegas a acessar o próprio poder e brilhar com igual intensidade. Dar tudo que se tem para reescrever a história de sua grandiosidade motiva as pessoas com quem se trabalha a reescrever a história delas como líderes e seres humanos.

Jackson continuou falando entusiasticamente, enquanto começava a podar alguns ramos, mexia um pouco no solo e parava de vez em quando para inalar a fragrância. Vi o sorriso no rosto dele. Era evidente que amava a natureza.

— Você é muito feliz aqui, não é? — perguntei.

— Nirvana — respondeu ele. — Fui muito feliz nos negócios todos esses anos. Nunca imaginei que conseguiria chegar tão longe em minha carreira. É incrível o que as pequenas e constantes mudanças diárias fazem com a gente ao longo do tempo. A maioria de nós consegue alcançar um nível de primazia na carreira. Pouquíssimos se comprometem a manter a excelência por muito tempo. Tenho certeza de que Tommy lhe contou um pouco de minha história e da história da empresa em que cresci com a ajuda dos extraordinários homens e mulheres com quem trabalhei.

— Pensei que você tivesse a função de CEO — respondi, meio confuso diante da indicação de Jackson de que tinha sido apenas um entre os vários funcionários na empresa de tecnologia.

— E tinha. Mas nunca perdi de vista o fato de que o mais humilde é o *mais notável*. "Só os humildes se aprimoram", disse o grande trompetista Wynton Marsalis. Nada especial é realizado sozinho.

E quanto *maior* a meta, *mais* você vai precisar da ajuda dos colegas de equipe para realizá-la. Quanto maior o sonho, mais importante a equipe. Isso me lembra o que disse certa vez o matemático Isaac Newton: "Se vi mais que os outros, foi porque me apoiei no ombro de gigantes." Sou o que sou por causa das pessoas que trabalhavam comigo enquanto escalávamos juntos o topo da montanha e construíamos aquela grande empresa. Nunca perdi de vista o fato de que todas as manhãs as pessoas saíam do conforto de sua família e da segurança de seu lar e vinham trabalhar para mim, dando-me o melhor delas. Por isso, quando reflito sobre o sucesso estrondoso que experimentamos e quando alguém da mídia, por exemplo, tenta me dar todo o crédito, revelo o segredo: foi graças à poderosa comunidade de relacionamentos que chegamos aonde chegamos. Em outras palavras, conquistamos nossas notáveis vitórias porque trabalhamos de mãos dadas. Alcançamos nosso sucesso por causa da tremenda colaboração e da sensação de estarmos juntos na empreitada. Uma organização invencível nada mais é que uma série de relacionamentos grandiosos se espalhando por toda a empresa, todos focados em algum resultado inspirador.

Em seguida, Jackson caminhou até uma pequena fonte de água na qual cresciam lindos lírios brancos. Enfiou a mão no bolso e pegou uma moeda. Ele se curvou sobre uma flor, sentindo o perfume dela, e então me deu a moeda.

— Por favor, jogue essa moeda na fonte. Mas antes, faça um desejo. Hoje é seu dia de sorte.

Joguei a moeda na água. Tommy me observava da outra extremidade do terraço. Mantinha a mesma aparência relaxada de quando o conheci na livraria, alguns dias antes. Usava o mesmo colete estranho, as calças surradas e o relógio com a estampa do Bob Esponja. Agora,

O LÍDER SEM STATUS

contudo, eu o via além da aparência excêntrica: um líder genuíno e um ser humano generoso. E não podia deixar de reconhecer o presente gigantesco que aquele homem havia me concedido: o dom de aprender que era capaz de liderar com maestria, independentemente de onde trabalhasse e do que acontecera no passado. Comecei a me preocupar um pouco, no entanto. Começara a perceber mais nitidamente que Tommy era velho. Quantos anos ele ainda viveria? Fiquei um pouco triste.

— Vê como a água ondula por toda a fonte porque você jogou uma única moeda, Blake? — comentou Jackson.

— Vejo, sim — respondi simplesmente.

— Assim são os relacionamentos em uma organização. *Todas* as pessoas são importantes. E *todas* as ações dos colegas de equipe contam. Cada relacionamento repercute por toda a empresa. Um relacionamento magnífico inspira a próxima conversa, que por sua vez se estende para outra. E o efeito propagador, por fim, determina como será a cultura do local e a qualidade dos resultados alcançados pela empresa. Quando eu era um jovem estagiário na primeira empresa em que trabalhei, fizemos um curso do qual nunca me esqueci.

— O que havia de especial nele? — perguntei.

— Foi especial porque aprendi a importância de construir relacionamentos profundos, altamente confiáveis e espetacularmente sólidos. Fizemos um teste para verificar se nos lembrávamos dos principais ensinamentos. A última pergunta foi a seguinte: "Escreva o nome do faxineiro de sua empresa, aquele senhor de idade que limpa seu escritório todas as noites." E, para ser sincero, eu não fazia a menor ideia. Já tinha visto o homem passar o aspirador e carregar o lixo nas noites em que trabalhei até tarde, mas nunca me dera a chance de tentar conhecê-lo. Nunca tinha achado importante. Era só um faxineiro. Bem, não passei no teste. Quem não respondesse àquela questão corretamente não seria aprovado. E aprendi uma lição naquele dia que até hoje carrego comigo: se você quer realmente que seu negócio seja líder de mercado, *todo mundo* em sua organização é importante. *Todos* precisam estar engajados e conectados, pois a qualidade de uma organização reflete a qualidade dos relacionamentos entre os colegas de trabalho. Bons relacionamentos proporcionam uma boa empresa. Relacionamentos extraordinários proporcionam uma empresa extraordinária.

— Qual era o nome do faxineiro, afinal? — Tive que perguntar.

— Tim — respondeu Jackson instantaneamente. — Tim Turner. Fui conhecê-lo depois daquilo. E o ser humano que eu achava não ser ninguém era um homem que dedicava a maior parte do tempo livre para trabalhar com crianças carentes; tinha lido mais livros de filosofia do que eu seria capaz de ler em uma vida inteira e tinha um dos melhores papos que eu já escutara. Todas as pessoas que você conhece, independentemente do cargo e da aparência, são filhos ou filhas de alguém. Todos têm uma história que merece ser ouvida e conhecem alguma lição que vale a pena aprendermos.

— Uau. — Foi só o que consegui dizer.

Jackson ficou em silêncio.

— Acho que Tommy não lhe contou, mas minha mulher morreu de câncer há alguns anos — disse ele, quase num sussurro.

— Sinto muito, Jackson — respondi, solidário.

— Não precisa. Embora eu fosse uma potência nos negócios e trabalhasse em uma empresa fantástica, nunca negligenciei meu relacionamento com minha mulher. Nunca caí na armadilha de desvalorizar a pessoa que mais amo e nunca deixei de reconhecer a importância de nosso relacionamento. Ela se foi, mas não tenho um único arrependimento, não mesmo. Ainda sinto muito a falta dela,

O LÍDER SEM STATUS

mas não tenho do que me arrepender. Porque, assim como priorizava as pessoas em minha vida empresarial, fazia de nossa relação minha prioridade máxima. Ponha as pessoas em primeiro lugar e o restante se resolverá sozinho, em muitos sentidos. Nós realmente vivemos esquecendo essa verdade fundamental da liderança. O mundo dos negócios está mais ligado na tomada que nunca, mas devo dizer que os empresários nunca estiveram tão desligados como agora. Temos mais tecnologia hoje que em qualquer outra época da história, mas experienciamos menos humanidade. E somos, sem dúvida, mais sofisticados que nunca. Mas talvez também nunca tenhamos sido tão insensatos. O que de fato estou afirmando é que, para sermos bons nos negócios, temos que manter um foco glorioso nas pessoas. Acreditar nelas, envolvê-las, nos ligar a elas, servi-las e celebrá-las. Se você leva a sério a questão de vencer nos negócios, torne-se uma engrenagem *vital, viva, falante*, que irradia *energia positiva, excelência* e *bondade* a todas as pessoas que tem a felicidade de conhecer.

— Trata-se de uma bela maneira de definir a ideia, Jackson. Muito obrigado por me passar tudo isso de maneira tão aberta. E concordo com você. As pessoas parecem não conversar mais de verdade. Almoçam juntas em restaurantes, mas ninguém fala. Nem sequer se olham. Parecem se esconder do mundo com fones de ouvido cobrindo as orelhas e o telefone junto à boca. Meus pais, que Deus os abençoe, não tinham muita coisa. Mas todas as noites insistiam em jantarmos juntos. Compartilhávamos nossas histórias do dia, nos lembrávamos de férias divertidas e ríamos juntos. Apoiávamos uns aos outros. Nos entregávamos de corpo e alma ao momento. Isso era muito importante. É muito bom ouvir alguém tão bem--sucedido como você, Jackson, confirmar que os relacionamentos são fundamentais — disse eu, me sentindo entusiasmado com as ideias daquele extraordinário ex-CEO.

— Sou só um jardineiro agora — retrucou ele, com genuína humildade. — Mas obrigado. E assim como agora passo os dias cultivando estas belas flores neste terraço maravilhoso, você cultivará cada um de seus contatos com colegas e clientes, e será muito bom nisso. Quanto aos colegas de trabalho, lembre-se de que, à medida que você investir no relacionamento com eles, deve ajudá-los a crescer. Os Líderes Sem Status enxergam o que as pessoas têm de melhor e criam cultura onde ela possa desabrochar, assim como um bom jardineiro sabe que o solo é crucial não só para a sobrevivência de uma planta, mas também para o crescimento dela — afirmou Jackson, trazendo mais um pouco de sua linguagem empresarial para a conversa.

— E lembre-se de que as pessoas fazem negócios com quem elas gostam. Pessoas nas quais confiam, que as fazem se sentir especiais. Que as tratam como VIPs. Você pode usar seu poder de liderança para fazer uma boa diferença na livraria em que trabalha, Blake. Seus colegas de equipe vão amar você por isso. E seus clientes vão procurá-lo, como um rebanho, e se tornarão seus seguidores fanáticos.

— Eu adoraria ter "seguidores fanáticos" — comentei com entusiasmo. Em seguida, dei mais uma mordida no biscoito.

Jackson fez uma pausa e olhou ao redor do jardim.

— Sei que vocês dois têm horário e preciso terminar algumas coisas que estava fazendo aqui antes de encerrar. Mas tenho algumas regras valiosíssimas para lhe passar, a fim de que você domine com maestria o princípio da filosofia do Líder Sem Status que descobriu aqui comigo hoje.

— O princípio que você me ensinou é o seguinte: Quanto mais profundos forem seus relacionamentos, mais poderosa será sua liderança. É isso? — perguntei, apenas para confirmar.

O LÍDER SEM STATUS

— Isso. E assim como os outros professores que você conheceu, eu tenho minha sigla para ajudar você a se lembrar dessas regras poderosas.

— Pode passar. Estou começando a amar essas siglas inesquecíveis — respondi animado, saboreando o delicioso biscoito de Jackson.

— HUMAN, humano em inglês — disse ele, sentando-se em um belo banco de madeira.

Eu ri.

— Ele é bom, não é? — perguntou Tommy, tomando sol ao se sentar em uma cadeira de jardim. Por mais estranho que parecesse, ele havia espalhado pétalas brancas ao redor dos pés.

Jackson continuou.

— O H é de humanitarismo. Como disse antes, os negócios têm muito a ver com ser radicalmente humanitário e prestativo. Uma das noções mais poderosas que posso lhe oferecer para alcançar a maestria na liderança é sempre fazer *mais* que aquilo pelo qual você é pago. Sua recompensa será sempre proporcional à sua contribuição, Blake. Quantas vezes você já entrou em uma loja ou restaurante e sentiu que os funcionários são extremamente prestativos e humanitários? Poucas. É algo raro. A maioria das pessoas parece estar em transe. Elas tornam-se tão insensíveis vendo clientes entrar e sair pela porta da frente que começam a desvalorizá-los. Esquecem-se de que há um ser humano na frente delas, e um ser humano que contribui para colocar comida na mesa delas todas as noites. *Humanitário* é uma palavra simples, que se torna espetacular se você incuti-la em seu DNA, de modo que ela permeie seu modo de trabalhar e viver. Seja humanitário e prestativo. Mais que isso, comprometa-se em se tornar a pessoa *mais* humanitária que conhece.

— Perfeito. — Foi só o que pude dizer. As palavras de Jackson haviam desencadeado uma torrente de pensamentos e emoções em mim. Liderança era muito mais do que eu sonhava que fosse. Não era apenas um modo de qualquer pessoa, em qualquer organização — fosse comercial, comunitária, fosse até um país — usar seu poder natural para inspirar os outros a se tornar aquilo que deveriam ser; era também um meio pelo qual cada um de nós poderia desenvolver seu melhor potencial e criar valor para o mundo em volta.

— Saiba, Blake, que os seres humanos têm esses desejos essenciais em seu interior, quer saibam conscientemente disso, quer não. Cada um de nós quer sentir que está expandindo o potencial que tem em si e crescendo como pessoa. Todos queremos saber que, independentemente de nossa atividade, estamos fazendo alguma diferença. E desejamos saber que estamos vivendo de maneira que, quando chegarmos ao fim da vida, não sentiremos que foi em vão. Ninguém quer chegar ao leito de morte, olhar para trás e ver uma vida que não valeu nada.

Aquelas palavras me paralisaram. Eu respirei fundo e refleti sobre meu modo de viver. E percebi que, se não realizasse *agora* algumas mudanças profundas, meu futuro simplesmente me apresentaria mais daquilo que experimentara no passado. Não queria chegar ao meu último dia e perceber que vivera, em essência, o mesmo ano 85 vezes.

— O que me leva ao U de HUMAN: unir-se às pessoas por meio do entendimento. Para construir relacionamentos de alto padrão, não basta ser incrivelmente humanitário; é essencial ser perito em se unir às pessoas por meio do entendimento. Isso implica uma das mais importantes habilidades de liderança: escutar profundamente. *Falar menos e escutar mais.* Você pode achar que ser um excelente ouvinte é uma mera habilidade social. Mas não é tão simples assim, meu amigo. Se fosse fácil, por que aquele indivíduo que sabe escutar, do fundo de seu ser, seria uma espécie ameaçada de extinção?

O LÍDER SEM STATUS

Quantas pessoas você conhece que, quando fala com elas, o fazem sentir como se o mundo tivesse parado, porque estão genuinamente fascinadas com o que você está dizendo e com o que dirá? Quantas pessoas você conhece que escutam com tamanha concentração que parecem poder ouvir até o silêncio entre suas palavras?

— Nenhuma. Não consigo me lembrar de uma única sequer — respondi imediatamente.

— Não existem muitas. Isso representa uma oportunidade enorme de você se destacar na multidão e fomentar ainda mais sua reputação de excelente Líder Sem Status. Não há muita concorrência aí, Blake, porque são poucos os que estão dispostos a fazer esse esforço. A ideia que a maioria das pessoas tem de escutar o outro é simplesmente esperar até que ele termine de falar para dar a resposta que estavam ensaiando. Para a maioria de nós, nosso ego *grita* de tal forma que não conseguimos ouvir o que os outros estão dizendo. A maioria das pessoas não escuta bem.

— Por quê? — perguntei, intrigado diante da ideia de que liderança tem muito a ver com escutar atentamente.

— Por vários motivos. Primeiro, muitas pessoas sofrem de déficit de atenção coletivo. São tantos os anúncios e as informações que nos bombardeiam todos os dias que parecem fazer nossa cabeça girar. Nunca antes houve tantas distrações inúteis disponíveis aos seres humanos. Elas confundem a mente e consomem nossa energia. Por causa disso, a atenção se tornou um bem raríssimo e valioso. E com tudo o que vivemos processando, não temos muita atenção sobrando para as pessoas que falam conosco. Isso é um crime, porque as pessoas sentem. Um dos desejos humanos mais profundos é ser compreendido. Todos nós temos uma voz interior e queremos expressá-la. E quando sentimos que uma pessoa dedica algum tempo para nos escutar e reconhecer, nos abrimos para ela. Nossa confiança, nosso respeito e nossa apreciação por tal pessoa aumentam muito.

— E nosso relacionamento com ela se fortalece — atrevi-me a dizer.

— Exatamente. Ouvir de maneira profunda é uma das mais corajosas, e raras, de todas as principais atitudes da verdadeira liderança. Saiba, Blake, que grande parte de seu trabalho na livraria é elevar as pessoas, que vivem em um mundo que as derruba. E uma maneira absolutamente brilhante de fazer isso é criar um espaço de escuta ao seu redor que sirva para colegas e clientes. Você *realmente* valoriza uma pessoa quando a ouve com muita atenção.

Jackson fez uma pausa. Pegou uma margarida e girou o caule, pensando em silêncio.

— Outro motivo pelo qual não escutamos com atenção é nosso ego, como já mencionei.

— Sério?

— Com certeza. A questão é que as pessoas são, na maioria, criaturas inseguras. Quando vamos ao trabalho, queremos que os outros pensem que somos inteligentes, poderosos e confiantes. Pura viagem do ego. Ficamos estagnados em nosso modelo ultrapassado de liderança, segundo o qual o melhor líder é aquele que fala mais e mais alto e escuta menos. Cometemos o erro de pensar que a pessoa que mais fala é aquela que tem todas as respostas. Errado. Liderança implica escutar e deixar que os outros sejam ouvidos. Um indivíduo grandioso é assim. Algumas pessoas acreditam realmente que escutar é fácil. Mas, na verdade, é uma técnica muito difícil. É preciso muita coragem para silenciar o ruído do ego e aumentar o volume da escuta. Só um ser humano realmente poderoso e seguro consegue permanecer em silêncio o suficiente para deixar que as ideias dos outros sejam ouvidas e consideradas.

O Sol baixava no céu de Manhattan. Não se via uma única nuvem.

Jackson foi até Tommy e sentou-se ao lado dele.

— Venha, Blake. Vamos aproveitar um pouco este sol.

O Sol baixava no céu de Manhattan. Não se via uma única nuvem. As torres modernas cintilavam, e podíamos ouvir o barulho das ruas congestionadas lá embaixo. Um pensamento me ocorreu enquanto eu me sentava ao lado dos dois senhores: "Este é realmente um ótimo dia para se estar vivo."

— O que acontece quando você é um exímio ouvinte, unindo-se às pessoas por meio do entendimento, é que, na prática, está dando a elas um presente que a maioria jamais ganha. A maioria, e isso é muito sério, passa a vida inteira sem que alguém lhe mostre como o dom de escutar é maravilhoso. Por quê? Porque estamos todos sempre incrivelmente ocupados e absortos em nós mesmos. Meras desculpas, lógico. Mas quando você escuta, e escutar é muito diferente de apenas ouvir, a pessoa que está falando começa a se sentir compreendida. O desejo pessoal de receber atenção começa a ser saciado. Ela se sente segura e a confiança cresce. E adivinhe o que acontece em seguida?

— Não faço ideia, Jackson — respondi, me inclinando para a frente em sinal de interesse.

— Como se sente segura, ela lentamente começa a se despir da armadura que vestia todas as manhãs antes de sair da segurança do lar e se lançar em um mundo duro e acelerado. Ela derruba a barreira que havia erguido contra a decepção e o desânimo que espera dos outros. Ela começa a ver que você realmente se importa, que deseja vê-la vencer. Começa a perceber que você está levando em conta os interesses dela. E, em troca, lhe dá o melhor de si mesma.

— Trata-se de um processo fascinante — comentei.

— É, sim. E quando começa a acontecer, o relacionamento ascende ao sucesso absoluto. Seus colegas de equipe começam a venerar o chão em que você pisa. Terão você como um campeão, vão lhe incentivar e estar sempre disponíveis quando precisar deles. E seus clientes vão ser seus embaixadores da boa vontade, pregando seu nome a quem quiser ouvir, por onde passarem.

Nós três começamos a rir. O entusiasmo de Jackson era evidente. Pude facilmente perceber que ele adorava falar de liderança, do poder dos relacionamentos e do desenvolvimento do talento das pessoas.

— O M em nossa sigla é para fazê-lo se lembrar de se misturar. Misture-se, ande com seus colegas e estabeleça vínculos com os clientes. Existe um tremendo valor na circulação. Resultados positivos e vitórias incríveis, que jamais poderiam ser esperados, começam a surgir simplesmente porque você se dispôs a se misturar com as pessoas com quem trabalha. Quando as pessoas veem seu rosto, você se destaca. Elas passam a conhecê-lo. Começam a gostar de você. E lembre-se sempre de que as pessoas *amam* fazer negócios com quem é assim.

— É verdade, Jackson. Meus clientes na livraria gostam muito de mim por causa do meu entusiasmo com os livros. Por isso sempre voltam.

— Nestes tempos competitivos, manter relacionamentos bons e definidos é uma atitude incrivelmente importante. Agora *não* é o momento de se esconder em seu cubículo. *Não* é o momento de se refugiar atrás da muralha do e-mail. Agora, definitivamente, é o momento de sair e construir pontes, arregaçar as mangas e se conectar aos colegas e clientes, enquanto os ajuda a chegar aonde querem. Tome um café com as partes interessadas. Almoce com os clientes. Descubra o que os leva a passar noites insones e como se sentem durante este período de assustadora turbulência no mundo dos negócios. Diga-lhes que você está com eles não só nos momentos fáceis, mas também nos difíceis. Eles nunca vão se esquecer de você por isso. E o recompensarão com lealdade.

— Interessante. E o A em HUMAN? — perguntei, curioso.

— Significa agradar-se, se divertir. — Foi a calorosa resposta de Jackson. — A maioria das pessoas pensa que é preciso ser sério o tempo todo. Temos medo de rir, de nos divertir e brincar um pouco no momento certo, e com isso sermos vistos como indivíduos improdutivos que perdem tempo. Mas a verdade é esta, meu amigo: agradar a si mesmo, se divertindo enquanto realiza um ótimo trabalho, ajuda a aumentar a produtividade. Divertir-se faz com que você se engaje mais naquilo que está fazendo. A diversão faz com que você queira colaborar mais. E quando as pessoas se divertem, a energia de toda a organização alcança níveis cada vez mais elevados. Quando as pessoas sentem um ambiente agradável e se divertem no trabalho, os níveis de estresse são mais baixos, elas se tornam mais dispostas a fazer o inesperado e a servir muito melhor seus clientes, e se animam para trabalhar duro. Por favor, lembre-se do valor de agradar a si mesmo e de se engajar quando entrar na livraria todos os dias. E da necessidade de agradar, divertir e engajar todos os seus colegas, já que agora você é um Líder Sem Status.

Jackson olhou para o relógio. De repente, começou a falar mais rapidamente, porém sem perder o foco em mim e nas lições que estava me ensinando.

— O N em HUMAN o conecta a uma de minhas ideias de liderança favoritas, Blake — prosseguiu, enquanto o sol da tarde começava a descer por trás das altas torres comerciais e dos deslumbrantes monumentos que formam a famosa linha do horizonte em Nova York. — Nutrir. Como sugeri há pouco, antes da dissolução de muitas empresas conhecidas, os negócios se limitavam à questão "eu *versus* nós". O jeito antigo de fazer negócios se resumia em ganhar. Resumia-se em dar o mínimo e receber o máximo possível em dinheiro, e no tempo mais curto possível. A profundidade e a extensão do relacionamento com cada cliente e com cada colega não importavam muito. Clientes eram dispensáveis. Perder um por não ter cumprido com a palavra ou por não ter lhe dado o que devia não era um problema. Simplesmente arrumava-se outro cliente. E se um colega não estivesse contente por você tê-lo desrespeitado, ou por ter sido injusto, sem problemas. Arrumava-se um substituto para esse capital humano. Mas você sabe que os negócios não são mais como costumavam ser. Com a interconexão, antes inédita, que a tecnologia trouxe à vida, um único cliente irritado já é um número grande. Basta um cliente determinado a acabar com sua reputação e sua marca está arruinada. Em contrapartida, um único cliente maravilhado com a forma como foi tratado é capaz de espalhar seu contentamento para milhares de seguidores. E, quanto aos colegas, no novo mundo do trabalho o talento importa, sim. Você não pode tratar seres humanos simplesmente como capital, pois isso não é o que eles são. Perca um indivíduo bom, e isso poderá lhe custar mais do que imagina. Por isso estou falando do valor de nutrir, alimentar. Seja fantasticamente simpático. Ser simpático não significa ser fraco. Não confunda gentileza com fraqueza. Os Líderes Sem Status equilibram de forma brilhante a compaixão e a coragem. Seja amigável e firme. Seja forte e sincero. Sim, esses líderes põem as pessoas e os relacionamentos em primeiro lugar. Conseguem ser carinhosos e firmes ao mesmo tempo. Há um raro equilíbrio a ser atingido. Mas, com dedicação *e* prática, você chega lá. E se ser simpático é uma estratégia empresarial tão óbvia, por que tão poucas pessoas a praticam? Porque isso requer majestosa compreensão das relações humanas, ver o melhor em pessoas que ainda não são capazes de enxergá-lo em si mesmas. Veja as pessoas como de fato são, mas trate-as sempre com tamanho respeito e gentileza que logo elas se tornarão tudo o que você deseja que se tornem. Arrume tempo em meio ao caos das tarefas diárias para nutrir os relacionamentos, oferecer aos outros um sorriso, uma palavra positiva ou um gesto de carinho. Tais atos não são sinais de fraqueza, mas de um líder audacioso. Portanto, faça isso. Seja espetacularmente atencioso. Torne-se incrivelmente simpático. Deixe *cada pessoa* que cruza seu caminho mais feliz, melhor e mais engajada do que era *antes* de conhecer você. E depois observe como isso vai impactar sua carreira.

— E sua vida — observou Tommy, enquanto estudava uma das esculturas no terraço.

— Isso é tudo o que tenho a dizer, Blake. Cuide das pessoas e o dinheiro se cuidará *sozinho*. Ajude as pessoas a alcançar as metas, e elas o ajudarão a alcançar as suas. Torne as pessoas com quem trabalha muito bem-sucedidas, e elas *com certeza* vão fazer o mesmo por você. A lei da reciprocidade é uma lei de liderança e natureza humana muito profunda.

— Vou me lembrar disso, Jackson — repliquei, grato.

— Fantástico. Lembre-se de que essa lei simplesmente reflete o fato de que as pessoas naturalmente possuem um senso de obrigação e o desejo de retribuir a gentileza e o apoio que alguém lhes concedeu. Possuímos a tendência humana inata de querer ser bons com as pessoas que foram boas conosco. Por isso, dar valor aos outros e ser excepcionalmente bom com eles faz com que desejem retribuir o favor. Lógico que você deve fazer tudo isso com boa intenção. Queira ser bom porque é certo agir assim, e não para manipular as pessoas a se sentir obrigadas a lhe dar o que você quer. Ajudar e dar sem a expectativa de receber algo em troca é um verdadeiro dom. Qualquer coisa que seja menos que isso não é dom algum. E quando você se doa a partir de tal premissa, como estou dizendo, resultados incrivelmente positivos acontecem na sua vida.

— Entendo perfeitamente — respondi, desejando ter mais tempo com aquele grande pensador, que agora vestia o macacão de um simples jardineiro.

Jackson pôs a mão no bolso e tirou outro saquinho de sementes.

— Tome, Blake. Estas são as sementes de girassóis raros. Um pequeno lembrete para você não se esquecer de cultivar as pessoas. Acredite nelas. Cuide delas, nutra-as e regue-as. Dê a elas o que você tem de melhor. E depois observe os frutos de sua colheita. Sei que parece piegas, mas a metáfora aborda uma verdade natural da liderança: as pessoas *realmente* são o elemento mais importante num negócio de sucesso.

— E os relacionamentos são uma das peças fundamentais para uma vida ótima — acrescentou Tommy, com emoção.

Jackson se aproximou.

— Venha cá, meu amigo — disse ele, dando-me um abraço de despedida. — Foi um prazer conhecê-lo. Percebo que é um bom homem. Isso é muito importante nestes tempos em que ser real é mais essencial que nunca. E não tenho dúvidas de que você será um Líder Sem Status magnífico, que influenciará positivamente a vida de muitas pessoas. Plante essas sementes. As flores vão deixá-lo deslumbrado.

A TERCEIRA CONVERSA SOBRE LIDERANÇA DA FILOSOFIA DO LÍDER SEM STATUS

Quanto mais profundos forem seus relacionamentos, mais poderosa será sua liderança

AS CINCO REGRAS

Humanitarismo
Unir-se por meio do entendimento
Misturar-se
Agradar a si mesmo
Nutrir

PASSO PARA A AÇÃO IMEDIATA

Passe os próximos cinco minutos pensando na pessoa que mais o influenciou. Quais são as três coisas que a tornam tão especial? Como você poderia, a partir de hoje, adotar essas crenças/comportamentos em seu jeito pessoal de trabalhar e viver?

CITAÇÃO DE LIDERANÇA PARA RECORDAR

Nenhum homem se tornará um grande líder se quiser fazer tudo sozinho ou ficar com todo o crédito.
— *Andrew Carnegie*

7

A quarta conversa sobre liderança: Para ser um grande líder, seja primeiro uma grande pessoa

Se todas as pessoas estivessem satisfeitas consigo mesmas, não existiriam heróis.
— Mark Twain

Já anoitecia quando Tommy e eu chegamos ao Meatpacking District, uma área no centro da cidade, a oeste, famosa pelos lugares badalados e pelas finas butiques. Tommy estava quieto. Percebi que matutava sobre algo.

— Blake, meu amigo — disse ele, enquanto entrávamos em um luxuoso restaurante chamado VuDu. — Você vai conhecer o último de nossos quatro professores. Outro ser humano notável que lhe passará o quarto e último princípio da filosofia do Líder Sem Status, para que possa libertar seu líder interior e pôr em prática seu melhor absoluto. Depois disso, nosso tempo juntos terá terminado.

Tommy não disse mais nada. Desviou o olhar, e eu o ouvi suspirar.

— Tenho certeza de que o verei no trabalho todos os dias, Tommy. E espere só para ver como estarei na segunda-feira de manhã, quando voltar à livraria. Espere só! Já me sinto tão essencialmente diferente.

Tenho certeza de que serei a estrela do rock de nosso ambiente de trabalho! — exclamei, com um nível extremamente alto de entusiasmo.

Tommy continuou em silêncio. Simplesmente olhava para baixo, enquanto passávamos pelo saguão do restaurante e descíamos por uma escada até o porão. Em vez de ter uma aparência suja, de submundo, o espaço era iluminado, convidativo, repleto de desenhos de arte moderna em molduras pretas de metal, pendurados na parede. Enquanto caminhávamos por um corredor, uma música calma ressoava; ao mesmo tempo, belas pessoas vestidas de preto passavam por nós. Não entendi muito bem o que Tommy estava aprontando nem aonde estava me levando, até passarmos por uma porta de vidro verde grosso, com os seguintes dizeres: AMBER SPA E CENTRO DE BEM-ESTAR. Logo abaixo: JET BRISLEY, MASSOTERAPEUTA.

— Prepare-se para conhecer seu último professor, Blake, o Grande — disse Tommy de maneira delicada. — É um sujeito surpreendente. Mas primeiro precisamos esperar a nossa vez. Como você pode ver, ele é um homem muito popular — explicou, apontando para a sala de espera cheia de pessoas elegantemente vestidas.

— Esse professor é massoterapeuta? — perguntei.

— Sim, e um dos melhores. Fez muitas massagens em mim desde que o conheci, e nem posso explicar como me sinto bem com tudo o que ele me fez. Jet tem mãos mágicas. Já recebeu massagem alguma vez, Blake?

— Não. Nunca experimentei.

— Vai gostar muito, então.

— Ele vai fazer uma massagem em mim?

— Só se você tiver sorte — respondeu Tommy. — Só se tiver muita sorte. Jet é, sem dúvida, o massoterapeuta mais famoso de Nova York. Todos os caras de Wall Street vêm aqui para desestressar e renovar as energias. Estrelas do cinema e top models aguardam a vez nesta sala de espera. Soube que até mesmo membros da família real britânica já fizeram a peregrinação até Jet para se recuperar. Ele é um gênio no que faz. E um de meus melhores amigos.

— Então, por que temos que esperar na fila? — perguntei com franqueza.

— Porque, antes de mais nada — respondeu Tommy —, ele é justo. É uma pessoa de profunda integridade, como cada um dos outros professores que conheceu hoje. Ele vive para fazer o que é certo, não de maneira fria e enfadonha, mas de um jeito que equilibra perfeitamente ética e magnificência. Parece poético, não parece, Blake? — perguntou Tommy, com uma piscadela e um tapinha nas costas.

Mais ou menos uns trinta minutos depois, nos vimos diante de Jet Brisley, o massoterapeuta superstar de Nova York. Jet nos olhou de relance. Ao notar Tommy, abriu um largo sorriso.

— Olá, Tommy. Fiquei imaginando quando você apareceria. É muito bom revê-lo. Estou muito feliz com isso.

Os dois amigos se abraçaram calorosamente e depois fingiram se boxear. Devia ser um dos rituais da amizade deles. Fiquei ali parado, observando os dois se atracarem energicamente de brincadeira, como dois garotos em idade escolar. Era divertido. Aquele dia realmente estava sendo inesquecível.

— Aposto que este é o Blake da livraria — disse Jet, voltando-se para mim e segurando minha mão com ambas as dele, como o aperto de mão dos políticos.

— É fantástico conhecer você — disse ele, genuinamente caloroso.

— O prazer é meu, Jet — retruquei. — Que fã-clube você tem aqui.

— Sou muito grato por isso, Blake. E admito que fiz por merecer, pois trabalho mais que a maioria das pessoas que conheço. *Sangue, suor* e *lágrimas* são *necessários* para realizar sonhos, expectativas e alegrias. Ajudar os outros a ter uma ótima saúde para que se tornem Líderes Sem Status é algo que corre no sangue de minha família. Sou a quarta geração nessa profissão. Eu a encaro como minha arte. E me sinto tão realizado com meu trabalho porque sei que as pessoas só podem ser absolutamente fantásticas no que fazem quando são absolutamente fantásticas na vida interior. Você não pode energizar ninguém se não tiver energia dentro de si. E não é possível fazer os outros se sentirem bem consigo mesmos enquanto você não fizer isso muito, muito bem. Minha meta é melhorar a cada dia, para poder ajudar mais pessoas a se tornar mais saudáveis e fortes. Enfim, chega de falar de mim. O foco agora é você. Primeiro, eu soube que serviu no Iraque.

— Servi, Jet. Foi um tempo difícil. E meu desligamento tem me causado muita dor, agora que tento voltar à vida civil. Eu desanimei e fiquei meio estagnado nos últimos anos. Mas agora me sinto animado, a ponto de dizer que, com o que aprendi hoje acerca da filosofia do Líder Sem Status, vejo toda a minha experiência de maneira incrivelmente diferente. Compreendo hoje que isso tudo me será útil. E que posso transformar meu tempo na guerra em uma oportunidade de elevar as coisas a um nível totalmente novo de maestria e liderança em tudo o que fizer.

— É exatamente isso, Blake. Mas quero lhe agradecer muito pelo que fez. E por todos os sacrifícios que tenho certeza que teve que fazer. Você e os demais soldados fizeram muito por todos os norte-americanos. Obrigado.

— Imagina, Jet — eu disse, agradecido. — É ótimo estar aqui.

— Então vamos diretamente ao ponto pelo qual Tommy o trouxe, tudo bem?

O LÍDER SEM STATUS

— Com certeza.

— Você conheceu a bela Anna e aprendeu o primeiro princípio da filosofia LSS.

— Não preciso de um cargo importante para ser líder — recitei rapidamente.

— Excelente. Também conheceu nosso amigão, a lenda do esqui, o carismático ex-atleta profissional Ty Boyd, e desvendou o segundo princípio. Lembra-se dele, Blake? — indagou Jet, em voz alta.

— Com certeza. Períodos turbulentos formam grandes líderes — respondi confiante.

— Ótimo — aplaudiu Jet. — Esse sujeito é um bom aluno, Tommy. Aprendeu bem as lições — comentou, esboçando um sorriso gentil.

— Eu sei — retrucou Tommy, enquanto observava o trabalho artístico nas paredes. — Tenho muito orgulho dele.

— O terceiro princípio da filosofia do Líder Sem Status é: Quanto mais profundos forem seus relacionamentos, mais poderosa será sua liderança. Tenho certeza de que meu amigo Jackson, o jardineiro visionário, lhe ensinou este muito bem.

— E tenho as sementes como prova — comentei, enfiando a mão no bolso e tirando o saquinho.

Jet sorriu novamente.

— Pois é, ele é um sujeito bacana. E agora é comigo. Tenho tudo a ver com o quarto princípio, Blake. Talvez, para mim, esse seja o mais importante. Digo isso com total humildade, mas acho que é verdade. Esse princípio é a base que sustenta todos os outros. Você não pode ser um Líder Sem Status enquanto não aprender bem essa lição.

— E qual é o princípio? — perguntei, impaciente.

— Antes, posso lhe fazer uma pergunta? — perguntou Jet, educado.

— Pode, sim.

— O que você pensaria de um atleta profissional que dissesse a um repórter no vestiário que havia decidido não treinar mais e eliminar toda preparação adiantada, mas ainda assim tivesse certeza de que teria excelente desempenho em campo?

— Eu o acharia meio doido — respondi francamente.

— Certo — disse Jet, assentindo com a cabeça. — Não faz sentido, faz? No entanto, Blake, antes de trabalharmos com a esperança de dar o melhor que temos de nosso jogo, quantos de nós no campo dos negócios se dão o devido tempo para treinar, praticar e se preparar?

— Não são muitos os que fazem isso — admiti, sincero.

— Exatamente. E, no entanto, esperam obter resultados favoráveis. É a mesma insanidade do atleta profissional que quer ganhar o campeonato sem ter condições para isso. Portanto, esse princípio final do Líder Sem Status tem tudo a ver com a importância de treinar e fortalecer seu líder interior se quiser ter um desempenho extraordinário no trabalho, e também a importância de acumular quantidades extremas de poder interior, a fim de se tornar *invencível* diante das profundas mudanças e da pressão cruel.

— Fascinante, Jet. Eu jogava futebol na escola e adoro esportes, por isso a metáfora do atleta faz todo sentido para mim. E é bem verdade, agora que reflito sobre isso. Não treino com afinco para dar o melhor de mim antes de entrar na livraria e depois me pergunto por que meus resultados não são espetaculares. Acho que não tenho assumido responsabilidade por minhas ações. Vejo mais evidências de como costumo bancar a vítima.

— Para ser um grande líder, seja primeiro uma grande pessoa. Simples assim. Uma organização excelente nada mais é que um grupo de pessoas que mostram excelência pessoal em tudo o que fazem. Quando você e cada um de seus colegas despertarem o líder interior

O LÍDER SEM STATUS

que há em vocês e atuarem com seu melhor absoluto, a empresa automaticamente vai se elevar ao que tem de melhor. Faz sentido? — perguntou Jet entusiasmado.

— Totalmente — respondi.

— A grandeza exterior começa do lado de dentro — acrescentou Jet. — Você não pode atingir um desempenho excelente no trabalho enquanto não se sentir em seu melhor desempenho. Não pode mostrar total perseverança, de alto padrão, contra a concorrência se não tiver total perseverança mental. E simplesmente não é possível fazer aflorar o melhor em seus colegas sem antes se conectar ao melhor em você. Esta lição final tem a ver com liderança pessoal. Lidere primeiro a *si mesmo*. *Só então* você vai se tornar alguém capaz de liderar outras pessoas. Dedique-se a se tornar *tão incrivelmente forte* por dentro que demonstrará ser à prova de falhas por fora. Trabalhe com afinco em si mesmo, de modo que todo o tesouro enterrado e adormecido em suas profundezas comece a se revelar a todo elemento do mundo ao seu redor. Comece a se livrar de crenças negativas e falsas pressuposições que não o deixam ver o líder que você pode ser nem as profundas conquistas de que é capaz de obter. Desenvolva o autoconhecimento a ponto de atingir profundo relacionamento com seu potencial até então adormecido, suas maiores ambições e seus mais altos objetivos. Faça o trabalho interior necessário para enriquecer seu caráter, tornar suas intenções mais puras e seus atos mais nobres. Treine com afinco para que sua saúde esteja no auge, de modo que todo dia você esteja cheio de energia, radiante de vitalidade. O sucesso pertence aos ativos, sabia?

— Agora enxergo isso, com certeza — repliquei.

— Para se tornar uma pessoa verdadeiramente grandiosa e líder de si mesma, é preciso também limpar a dimensão emocional de sua vida interior, livrando-se de qualquer tipo de ressentimento, abandonando qualquer bagagem do passado. Todo esse lixo só está atrasando você, impedindo que sua grandiosidade se manifeste. E a verdadeira autoliderança também requer um trabalho em sua vida espiritual, Blake, polindo a ligação com sua parte mais elevada, para que você se dedique, em seus melhores anos no trabalho, a atos que perdurem após sua morte.

— Minha morte?

— Sim, Blake. A vida passa num piscar de olhos. Passa rápido como um foguete, se for parar para pensar. O momento de pensar em seu legado e no modo como deseja ser lembrado não é no seu último dia, mas agora. Assim, você vai poder rever sua vida e garantir que tenha um bom fim.

— Nunca pensei nisso — murmurei, concentrado no poder da sugestão de Jet de que cada um de nós deve se esforçar para ter "um bom fim". A ideia me arrepiava a espinha.

— Infelizmente, a maioria das pessoas não descobre o que significam trabalho e vida até que já estejam velhas demais para tomar alguma providência — continuou Jet. — A maioria só descobre como viver *pouco antes* de morrer. Passam a maior parte dos anos em um coma ambulante. Não têm consciência do que é verdadeiramente importante na vida: mostrar liderança, aproveitar o potencial e fazer a parte que lhes cabe para mudar o mundo por meio do trabalho que realizam e da pessoa que se tornam. De repente, diante do alerta do fim iminente, esses sonâmbulos começam a cavar para além da superfície e se aprofundar. Começam a perceber que, ao nascer, receberam talentos maravilhosos e dons preciosos, além da responsabilidade de polir essa genialidade para poder se expressar no decorrer da vida e, no processo, elevar a vida de todos em volta.

O LÍDER SEM STATUS

Mas, quando percebem isso tudo, é tarde demais para fazer alguma coisa. Por isso, morrem irrealizados.

Ponderei cada palavra de Jet. Ele parecia ser um homem de grande sabedoria.

— Neste mundo materialista, na busca pela grandeza, corremos atrás de títulos, carros velozes e contas bancárias volumosas, quando, na verdade, *já temos tudo o que queremos.* A excelência e a felicidade que almejamos estão dentro de nós. Procuramos isso tudo nos lugares errados: em posição, status social e coisas como patrimônio líquido. Mas, quando menos se espera, Blake, cada um de nós vira pó. E o funcionário responsável pela limpeza será enterrado ao lado do CEO. E cargos, prestígio e diplomas universitários não importam muito no fim. O que realmente conta é se você se desenvolveu até se tornar o que de fato poderia ter sido e se mostrou liderança usando seu potencial para contribuir de maneira positiva com a vida de outras pessoas. E *tudo* começa dentro de você. Portanto, seu melhor absoluto pode brilhar.

— O que exatamente você quer dizer com "já temos tudo o que queremos", Jet? Agora estou definitivamente por dentro da filosofia de ser um Líder Sem Status e de ser excepcional em meu trabalho. Mas admito que quero um apartamento legal, coisas melhores e um carro novo. Não tenho nada disso agora. Penso que, se demonstrar a real liderança, alcançarei todas essas coisas, mas *não as tenho* no momento.

— Digo isto com muito respeito, Blake: não acho que você queira realmente cada uma dessas coisas que mencionou.

— Eu quero — insisti.

— Não quer, não — persistiu Jet, de um jeito amistoso. — Acho que o que você quer, de fato, são os *sentimentos* que a posse dessas coisas vai gerar em você. Sentimentos como satisfação, gratidão e paz interior. E o que estou dizendo é que, por meio de um trabalho dedicado em sua *vida interior*, você pode alcançar avanços extraordinários em sua vida exterior. Primeiro, lidere a si mesmo — repetiu.

— Muito interessante — observei. Pensando bem, Jet tem razão. Em nosso mundo, definimos o sucesso pelas coisas que possuímos e não pela pessoa que nos tornamos. Em vez de medirmos nosso progresso pela quantidade de vidas que influenciamos, nós o calculamos pela quantidade de dinheiro que ganhamos e de promoções que recebemos. Pareceu-me então que, como sociedade, infelizmente focamos todas as coisas erradas e perdemos de vista o que é o verdadeiro sucesso. Não é à toa que a maioria das pessoas vive amargurada, que tantas pessoas se automedicam com excesso de comida, televisão e horas de sono. Estamos indo atrás de metas que nunca nos deixarão felizes.

— Não há nada errado em ter coisas boas — elucidou Jet, nos dando garrafas de água. — Sou um esteta. Sabe o que significa isso, Blake?

— Não, Jet.

— Alguém que ama a beleza. Por isso, adoro estar rodeado de coisas belas. Os móveis neste spa são de primeira linha. A comida que como é da melhor qualidade. E as roupas que visto vêm das melhores lojas da cidade. Muito tempo atrás, eu selei um compromisso de viver a vida em grande estilo. E como me sinto rico, fiquei rico.

— Você é rico? — perguntei, surpreso com o fato de um massoterapeuta ter tanto dinheiro.

— Sou, Blake. Tenho uma equipe grande de assistentes que me ajudam aqui. Temos cinco filiais para atender a outras comunidades. E treinamos muitas pessoas que querem entrar para a profissão do

O LÍDER SEM STATUS

bem-estar. Este spa e meus negócios me proporcionaram liberdade financeira. Assim, a beleza me acompanha aonde vou — continuou Jet de maneira focada. — Adoro as melhores coisas da vida. Adoro uma boa música. Nas férias, viajo para lugares divertidos. E bebo vinhos excelentes. A vida é curta demais para beber vinho ruim — acrescentou, dando uma piscadela. — E este é o segredo: essas coisas não definem quem eu sou. Não sou apegado a nenhuma delas. Eu as possuo, mas elas *não* me possuem. Ora, eu sou humano, portanto as coisas boas fazem com que eu me sinta bem. E quero deixar bem definido que não há nada de errado em se ter uma bela vida exterior; isso torna a jornada ainda melhor. Apenas não uso minhas posses para definir minha pessoa. Os indivíduos realmente se complicam quando as posses formam a base daquilo que são e da identidade deles no mundo.

— Por quê?

— Porque se perdem essas coisas, perdem a si mesmos. Por isso, amo as coisas boas e os prazeres materiais que este mundo tem a me oferecer, mas não sou escravo deles. Vivo cada dia ao máximo e valorizo a vida em si. Quem eu me torno é *muito mais importante* do que aquilo que possuo. E o impacto que exerço em meus colegas, clientes e pessoas queridas por meu exemplo positivo é muito mais importante para mim do que a quantidade de dinheiro que ganho. E, a propósito, Blake, se seu foco é ganhar dinheiro, você se *desvia* de realizar um ótimo trabalho, *justamente* aquilo que o faria ganhar dinheiro.

— Interessante. Realmente interessante — comentei.

— Só estou sugerindo que se tornar um Líder Sem Status começa com um compromisso real de se tornar uma ótima pessoa. A boa notícia é que não é possível crescer interiormente sem ver um crescimento correspondente no mundo exterior. Portanto, trabalhar em si mesmo é a tarefa número um.

Fiquei um pouco surpreso ao ouvir tamanha ênfase na construção de uma excelente vida interior como pré-requisito para a liderança de alto padrão. A maioria dos livros de negócios parece mencionar a importância da maestria pessoal apenas rapidamente, por isso nunca pensei que fosse relevante para o sucesso no trabalho.

— Conforme você acessa e deixa despertar o poder natural de liderança adormecido em seu interior, *tudo o que toca* se transforma. À medida que aumentar a percepção de sua verdadeira natureza e se tornar mais confiante, criativo e extraordinário, suas interações com os outros vão inevitavelmente conduzi-lo a um novo nível de grandiosidade.

— Faz sentido — reconheci. — À medida que tiver mais fé em minhas habilidades, mais coragem para persistir na conquista de minhas metas e uma chama mais brilhante dentro de mim, parece simplesmente lógico que farei um trabalho fantástico e verei resultados superiores. Quanto melhor eu me tornar como pessoa, melhores serão as coisas que realizarei.

— Sim. Mas, em muitos sentidos, a meta não é tanto se tornar uma pessoa melhor, Blake. Você já é perfeito como é. A verdadeira missão é lembrar, e não melhorar.

— Não sei se entendi.

— Você é perfeito do jeito que é — repetiu Jet. — Autoliderança não significa melhorar, porque não há nada errado com você. Tem mais a ver com lembrar. Lembrar-se de seu líder interior e, a partir daí, fortalecer diariamente o relacionamento com ele. A autoliderança simplesmente requer que você se reconecte com a pessoa que já foi, com sua verdadeira natureza.

O LÍDER SEM STATUS

— E qual é a minha verdadeira natureza, Jet?

— Você sabia quando era criança. Quando ainda era bem pequeno, a sociedade não havia lhe ensinado que você tem que negar seus sonhos, asfixiar seu talento e sufocar sua paixão. Naquela época, você não tinha medo de se arriscar, de aprender coisas novas e estar completamente à vontade consigo mesmo, como você era. Quando criança, ainda tinha a profunda percepção de seus poderes naturais de liderança. Ainda estava desperto ao chamado da vida para que fizesse sua parte, realizasse coisas grandiosas e vivesse a vida como uma aventura gloriosa. Mas, à medida que foi envelhecendo, algo terrível aconteceu: o mundo à sua volta começou a trabalhar em você. A programação de seus pais, colegas e da sociedade começou a impossibilitar seu acesso a seu melhor absoluto. As mensagens da multidão o ensinaram a não ser original, a restringir sua visão e a arriscar pouco no dia a dia.

— Tenho que concordar com você, Jet — retruquei agitado. — Quero meu poder natural de volta: meu poder de liderar, de influenciar e deixar tudo o que toco melhor que quando encontrei — acrescentei, usando algumas das palavras que havia aprendido com Anna.

— A liderança pessoal, liderar de dentro para fora, de modo que sua grandeza seja vista, é o DNA de toda excelência duradoura, Blake. Infelizmente, como tenho dito, esse é realmente um valor perdido no mundo atual. Nós nos esquecemos de valorizar o domínio de si como meio de alcançar a maestria na liderança. Esquecemos que, se todas as pessoas em uma organização se elevarem a um nível de alto padrão no modo que cada um tem de pensar, sentir e se comportar, a empresa *automaticamente* também vai alcançar um alto nível. Parece que a única coisa que importa hoje em dia é a gratificação *externa*. Mais cargos, mais dinheiro e mais coisas. Tudo com o intuito de receber a aprovação da sociedade à nossa volta, em vez da aprovação de nosso melhor eu. Que desperdício de tempo e talento!

— Mas você não quer dizer que é errado ter um cargo importante, ou ganhar dinheiro, ou possuir coisas boas, certo? — perguntei só para ter certeza.

— Como expliquei, não há nada errado nisso, Blake. A filosofia do Líder Sem Status não quer dizer que as organizações podem dispensar títulos e cargos. Seria um caos completo. E sou o primeiro a dizer que um dos objetivos mais importantes de uma empresa deve ser obter lucros fantásticos. Mas há muitas outras prioridades também — mencionou Jet, em tom descontraído.

Ele pegou uma maçã da fruteira no balcão e comeu um pedaço.

— Sirvam-se, amigos — insistiu graciosamente. — No fim, os interesses do ego não trazem grandiosidade à empresa nem felicidade ao indivíduo. Não mesmo. Conheci alguns bilionários aqui neste spa. Chegam aqui com seus ternos caríssimos e relógios de marca. Nós conversamos, e eles logo se abrem para mim. A maioria das pessoas ricas que conheci não é feliz. Muito dinheiro é a única coisa que boa parte dos ricos tem. Na verdade, são muito pobres se pensarmos bem. Pobreza não é só falta de dinheiro, é escassez de tudo. E muitos indivíduos abastados não têm autoestima, sensação de bem-estar, saúde física e realização interior.

— Trata-se de uma boa visão, Jet — disse eu, enquanto pegava uma maçã.

— Por isso, minha sugestão é que, para ser um grande líder, seja primeiro uma grande pessoa. Lidere a si mesmo, Blake. Só assim vai poder liderar os outros e influenciar as pessoas à sua volta com seu exemplo poderoso. Comece com seu interior em uma cultura que só celebra o exterior. E lembre-se de que a grandeza é um acontecimento

O LÍDER SEM STATUS

interior com consequências *exteriores*. Quando você desperta seu líder interior, o sucesso material está *garantido*.

Jet fez uma pausa, aparentemente envolto em seus pensamentos.

— Ontem eu vi um garoto entrar no restaurante lá em cima com os pais. Adivinhe o que estava escrito na camiseta dele.

— Diga — pedi.

— Estava escrito: EU NASCI *FANTÁSTICO*. Não é maravilhoso, Blake? "Eu nasci fantástico." A maior parte do trabalho mediano das pessoas e a maioria das vidas malsucedidas são oriundas do fato de que a maioria se desligou de sua "condição fantástica" — comentou Jet, rindo, enquanto comia mais um pedaço de maçã.

— É verdade — observou Tommy, sorrindo.

— Cada um de nós possui uma grandeza interior. Temos talentos e um potencial que, se cultivados, nos permitiriam brilhar de maneira extraordinária. Não existem pessoas a mais no planeta. Você, eu, Tommy e todas as pessoas à nossa volta fomos feitos para liderar e alcançar um sucesso estonteante. Mas, por causa da lavagem cerebral que nos fez duvidar de nossa grandeza e nos ensinou a ter sonhos pequenos em vez de grandiosos, perdemos o senso de quem realmente somos. Nós, de fato, nos desligamos de nossa natureza essencial. Enterramos o que temos de melhor sob camadas de insegurança, dúvida e medo. Você nasceu fantástico, Blake. Reconheça essa verdade!

Nós três rimos. Adorava estar na companhia daqueles dois. Eram tão positivos, cheios de fé e reais. Creio que faz parte da verdadeira liderança: fazer as pessoas se sentirem melhores a respeito de si mesmas. E lembrá-las, como dizia a camiseta do menino, de que são *fantásticas*.

— Portanto, comece a conhecer o líder dentro de você. Esse é o segredo para o desempenho excelente no trabalho e na vida pessoal.

Acho incrível como tantas pessoas de negócios tentam liderar os outros sem antes liderar a si mesmas. E inevitavelmente acabam sabotando os próprios esforços, porque se apegam às suas crenças limitadas, comportamentos negativos e barreiras pessoais. Aonde você for, levará você mesmo junto. Se sua autoestima é baixa, seu caráter é fraco e você vive cheio de medo, não importa o que tente fazer no trabalho, nada de grandioso vai acontecer. Mas, se começar a se livrar de sua parte menos ideal, resultados explosivos vão começar a surgir. Comece a trabalhar em si mesmo hoje, Blake. Porque a vida não espera ninguém; ela passa voando, de modo próprio, quer você coopere, quer não. Não deixe para amanhã o que sabe que deve ser feito hoje. Talvez o amanhã não chegue. Essa é a realidade. O que me leva, agora, à sigla e às cinco regras para esta quarta e última conversa sobre liderança.

— Estava ansioso por sua sigla, Jet — repliquei, animado.

— SHINE, inglês para brilhe. — Foi a resposta simples de Jet. — A liderança pessoal e o domínio de si mesmo requerem que você faça cinco coisas básicas.

— Legal.

— Trabalhe com essas cinco ideias básicas para despertar seu líder interior e crescer na vida que existe dentro de você todos os dias, Blake. Assim como o atleta profissional pratica diariamente até se tornar o melhor, você também precisa praticar diariamente para desenvolver o que tem de melhor. Os primeiros quarenta dias vivendo sob essas regras serão os mais difíceis.

— Por quê?

— Porque, nesse período de transição inicial, você estará no processo de desenvolver novos hábitos. Vai se livrar dos modos antigos, confortáveis de fazer as coisas e eliminar comportamentos que não

O LÍDER SEM STATUS

o ajudam a ascender à maestria pessoal. Durante esses quarenta dias, você vai estabelecer novos padrões e, literalmente, reformular seu cérebro enquanto reajusta os controles internos. Trata-se de um processo estressante, cheio de desconforto. Será difícil e confuso, portanto é natural pensar que há algo errado. Mas não há. Você está apenas se transformando e crescendo. Na verdade, tudo está perfeito. Seus antigos hábitos de pensar e de ser devem se *desintegrar antes* que novos comportamentos comecem a se *integrar.*

— Ty me passou um pouco disso, Jet. Aprendi que a mudança gera ruptura, mas ela precisa acontecer se eu quiser crescer e realmente liderar.

— Exato. À medida que você se expande pessoalmente, passa pela destruição do antigo eu. Mas, na verdade, a destruição é algo muito especial.

— É mesmo? — perguntei.

— Com certeza. Os antigos modos de ser precisam ser destruídos e eliminados antes que novas e melhores maneiras de pensar e se comportar apareçam. Você precisa jogar fora aquilo que não serve mais e, assim, abrir espaço para que algo melhor chegue até você.

— Ty me ensinou isso também. Ele me disse que os avanços em todas as coisas boas que nos aguardam não podem acontecer sem o desmantelamento das velhas estruturas que nos limitam.

— Nosso atleta da neve é mesmo um homem brilhante. E antes que novas crenças e novos comportamentos sejam integrados, as crenças e os comportamentos frágeis precisam ser desintegrados. Dê, portanto, a essas cinco regras pelo menos quarenta dias para que lhe pareçam naturais. Desafie-se entusiasticamente durante esses quarenta dias. Não desista!

— Gostei disso. O desafio dos quarenta dias.

ROBIN SHARMA

— Essa é uma das chaves para realizar mudanças reais e consistentes, assim como implementar pequenas e constantes melhorias a cada dia, em vez de passos grandes que só o farão cair.

— Pequenas melhorias diárias, com o tempo, geram resultados estonteantes — recitei orgulhoso.

Jet sorriu.

— É isso mesmo. Você captou a ideia. Com o tempo, pequenas vitórias se acumulam em grandes resultados.

— Então, o que significa SHINE?

— O S é para lembrá-lo de saber enxergar. Liderança tem muito a ver com a observação precisa das condições e circunstâncias. Todos nós temos falhas de percepção. Todos temos uma tendência natural de enxergar através do que não podemos ver e de crenças limitadas. Costumamos ver as situações através dos olhos do medo, em vez de enxergá-las através das lentes da oportunidade. Assim, essas falhas em nossa percepção nos mantêm estagnados na média. O que estou lhe sugerindo, Blake, é que todos nós temos áreas em que aquilo que pensamos ver não é o que realmente estamos vendo. Mas é raro o indivíduo que faz um trabalho interior para desenvolver o autoconhecimento e reconhecer as visões deturpadas que tem da realidade. Não nos atentamos para esse nosso hábito da falha de percepção. Vemos o mundo não como ele é, mas como *nós* somos. E não sabemos o que não sabemos.

— Sério? A maioria das pessoas não sabe? — perguntei, surpreso com o que estava aprendendo.

— Não sabe. Se você vive com dúvida e medo, projeta esse estado interior nas condições externas quando vai trabalhar. Perde oportunidades de crescer e se dar bem na livraria. Começa a questionar sua habilidade de influenciar positivamente os outros e fazer a diferença.

O LÍDER SEM STATUS

Passa a trabalhar para sobreviver e não para prosperar. Isso tudo acontece não em decorrência de como são as coisas no trabalho, mas por causa da natureza de sua vida interior e do modo como processa a realidade em seu contexto pessoal. Uma maneira de compreender bem o que estou dizendo é pensar em um vitral. Todos nós enxergamos tudo através de um vitral. Isso nada mais é que um filtro através do qual percebemos nossas experiências exteriores.

— Do que é feito o vitral, Jet? — perguntei, profundamente fascinado com o que ouvia.

— De todas as crenças, regras e modos de pensar que lhe foram ensinados por seus pais, professores, colegas, e de todas as outras influências que moldaram você desde o momento em que nasceu. E esse vitral também é formado a partir de todas as conversas que você já teve com todas as pessoas que conheceu e ainda de todas as experiências pelas quais passou. Tudo isso criou uma história que você vendeu para si mesmo a respeito de como o mundo funciona e de como você deve agir nele. Lembre-se de que vemos o mundo não como ele é, mas como nós somos. Assim, se seu vitral estiver uma bagunça, sua vida vai se tornar uma bagunça. Se seu vitral contiver uma crença que diz "Você não pode ser líder se não tiver um cargo importante", então suas ações, óbvio, serão condizentes com ela, e você não será líder a menos que ocupe um cargo. Se seu vitral contiver uma regra que insiste em afirmar que "a maioria das pessoas não é confiável", ou que "quase todo trabalho é sem sentido", seu comportamento vai corresponder a essas interpretações do mundo exterior criadas por você. Esta é a ideia que você deve agarrar com unhas e dentes, Blake: E se a história que vem contando a si mesmo for completamente falsa?

— Isso é difícil de acreditar — argumentei.

205

Jet permaneceu descontraído.

— Por favor, mantenha-se aberto à noção de que a liderança requer o desenvolvimento de altos níveis de autoconhecimento, bem como a análise constante da precisão de seus pensamentos. E simplesmente considere que seus pensamentos diários nada mais são que meros reflexos do sistema de crenças programado em você por seus pais, colegas e professores, bem como por todas as outras influências que moldaram suas percepções.

— Que negócio revolucionário! Acho que fui socializado para pensar de determinada maneira. Somos condicionados a aceitar certos tipos de crença, e pensamos nelas com tanta frequência que acabamos sentindo que são verdadeiras — observei.

Jet rapidamente se levantou e caminhou até Tommy. Então começou a massagear-lhe os ombros.

— Obrigado, meu irmão — disse Tommy. — Eu precisava disso.

Jet continuou falando, enquanto oferecia a seu ex-aluno aquele pequeno presente.

— O pensamento da maioria das pessoas não é de fato raciocínio. Na verdade, nada mais é que a repetição inconsciente dos pensamentos que vêm regurgitando desde criancinhas. A maioria de nós, e esse é um fato triste, não sabe enxergar a realidade — reafirmou Jet. — E esse triste fato nos mantém trancafiados na mediocridade, tanto no trabalho quanto na vida pessoal. Você foi feito para pensar de maneira brilhante e enxergar através dos olhos da possibilidade, e não para pensar mal e ver através dos olhos do medo.

— Nunca achei que meu pensamento e minha percepção das condições exteriores podiam estar tão equivocados — afirmei, genuinamente chocado diante da noção de que o modo de ver as circunstâncias pode ser um reflexo de algum filtro mental interior e de

O LÍDER SEM STATUS

alguma história pessoal que eu contava a mim mesmo a respeito de como as coisas são.

— É assim com a maioria das pessoas, Blake. Você precisa saber como seu modo de pensar é importante. Ele cria sua realidade. Você sempre acaba obtendo mais daquilo para onde direciona seu foco. E seus pensamentos dirigem suas ações. O que nos impede de alcançar a liderança e a vida não são as realidades externas, mas nossos padrões internos de pensamento e o modo como nos comportamos diante de tais condições. Você precisa se livrar das falhas de seu programa. A verdadeira liderança envolve *romper* com os limites da mente, para que você acesse as forças *mais elevadas* de seu espírito.

— Então como exatamente eu começo a derrubar minhas barreiras mentais?

— Primeiro, voltemos à metáfora do atleta: você precisa começar a pensar como um campeão. Tem que assumir total responsabilidade pelos pensamentos que passarem por sua mente. Isso significa compreender que a mente não é lugar para um único pensamento negativo. Homens de negócios às vezes menosprezam a ideia de pensar positivamente. Eles a minimizam e dizem que esse conceito não cabe nos negócios. Mas é óbvio que cabe! Todo resultado nos negócios é consequência direta do comportamento coletivo de cada pessoa da empresa. E toda ação é filha de um pensamento. Com isso, quero dizer que seu pensamento orienta seu comportamento, que, por sua vez, orienta os resultados. Portanto, um trabalho de alto padrão, obviamente, é o resultado de um pensamento de alto padrão.

— Parece simples, Jet — reconheci, começando a abraçar as ideias que ouvia.

— Um único pensamento negativo é como um germe em sua mente que atrai outros germes. Quando você menos espera, a mente está infectada. Não consegue enxergar com discernimento nem pensar direito. Você começa a ver tudo o que há de errado, e não o que está certo. A contaminação o faz procurar problemas, em vez de encontrar soluções. Essa doença o força a parar de inovar, abster-se da excelência e negar sua grandeza. A doença faz com que você se comporte como vítima, em vez de desempenhar sua função de líder. Você realmente não pode se dar ao luxo de ter um único pensamento ruim se estiver comprometido em ser um Líder Sem Status.

— Você está sugerindo que o pensamento negativo é uma doença?

— Lógico que é, Blake. É um sinal óbvio de uma mente doente. Quando sua mente está saudável, seu vitral fica cristalino, limpo. Você, surpreendentemente, desperta para o talento que é e para o brilho que deve ser. As pessoas que riem desse conceito de pensamento positivo deveriam estudar os heróis do esporte, os lendários campeões. Os astros dos esportes entendem profundamente que a maneira como você administra o cérebro importa, sim. Eles administram os pensamentos de forma impecável, focando apenas a vitória, e não prestando atenção na ameaça da adversidade. E mesmo quando caem, reprocessam o acontecimento e o encaram como uma dádiva. Sabem enxergar aquilo que os outros chamam de fracasso como uma chance de ficar ainda mais fortes e recomeçar com uma atitude que vai tornar tudo melhor. E, de novo, lembre-se de que, se você permitir que um único pensamento negativo percorra sua mente, terá dado início ao processo de atrair outros pensamentos negativos.

— Como um único germe que atrai outros, criando no fim um banquete de germes — confirmei.

— Sim, Blake. Gandhi definiu isso muito bem com as seguintes palavras: "Não deixarei que outros pisem em minha mente com seus pés sujos." Por isso, sempre que sua mente se desviar para pensamentos negativos, gentilmente a direcione de volta aos pensamentos que vão apoiar seu compromisso de mostrar liderança e verdadeira excelência. Sempre que sua mente focar as dificuldades, treine-a para se concentrar apenas nas oportunidades. Lembre-se também de que você vai cumprir suas expectativas. Outra maneira de definir essa situação é que suas expectativas no trabalho e na vida se tornam profecias fadadas a se cumprir. Os resultados esperados são aqueles que se concretizarão. Isso é algo *incrivelmente importante* para se lembrar. Se sua expectativa é de que as pessoas no trabalho não vão apoiá-lo e vão decepcioná-lo, elas se comportarão de maneira alinhada a essa crença. Você vai se fechar para proteger seu território. Trabalhará fechado em um silo, em vez de ser colaborativo e trabalhar em equipe. Seu comportamento vai fazer com que seus colegas o considerem frio, competitivo e não confiável. E assim, obviamente, não o apoiarão. Sua expectativa se realizou, e de maneira bem real. Darei outro exemplo, Blake. Se você tem a expectativa de que jamais vai conseguir se tornar uma estrela na livraria em que trabalha, não há como você se comportar de maneira que o faça decolar. Nós *nunca* agimos de maneira incoerente com o modo como nos vemos. Os seres humanos não se comportam de maneira que não seja congruente com as expectativas criadas por eles mesmos.

— E com os vitrais — contribuí rapidamente.

— Correto — afirmou Jet, demonstrando grande incentivo. — Cada um de seus pensamentos é criativo. Você realmente não pode se dar ao luxo de ter um único pensamento negativo, porque todos eles criam alguma coisa e levam a um resultado em seu mundo exterior. Todo pensamento gera uma consequência.

— Nunca dei muita atenção a meu pensamento. Sempre foi automático. Achava que não tinha controle sobre meus pensamentos, eles simplesmente surgiam em minha mente.

— A maioria das pessoas faz isso, Blake. Temos os mesmos pensamentos há tanto tempo que nosso pensar se tornou um hábito enraizado, e acreditamos não ter controle sobre ele. Por termos repetido por tanto tempo nossa velha história e nossos programas mentais, eles se tornaram automáticos e inconscientes. Mas não significa que não tenhamos poder sobre eles. E não significa que não possamos transformá-los em hábitos mentais que sirvam ao potencial de liderança. Podemos, sim! Temos total domínio de nossos pensamentos. E quanto mais responsabilidade pessoal você assumir por todos os seus pensamentos, mais será um pensador e um líder poderoso. Algo que nos torna plenamente humanos é nossa habilidade de refletir sobre nosso pensamento, sabia? Neste exato momento, você pode se sentar tranquilamente e refletir sobre as crenças que permeiam sua mente e sobre os pensamentos que a invadem todos os dias. Passando mais tempo nessa reflexão, você vai desenvolver maior percepção de seus pensamentos. E, com isso, vai ser capaz de fazer escolhas melhores. E, com escolhas melhores, obviamente vai alcançar resultados melhores. E quanto mais aprender, fará tudo melhor.

— Então meus pensamentos são criativos?

— Sim — respondeu Jet. — E como certa vez disse o lendário Berry Gordy Jr., fundador da Motown Records: "Um vencedor é vencedor antes de se tornar vencedor." Tornando-se um excelente pensador e acreditando em sua grandeza, você literalmente criará o que está pensando. O estadista Benjamin Disraeli definiu assim: "Acreditar no heroico faz heróis." Liberte seu cérebro e observe como coisas absurdamente maravilhosas vão começar a acontecer.

— Perfeito. E adorei a ideia de passar algum tempo todos os dias em "reflexão silenciosa", como você diz — comentei.

O LÍDER SEM STATUS

— Sugiro mais uma coisa para você fazer *todas* as manhãs, se realmente levar a sério a questão de despertar seu líder interior e começar a ver resultados estelares em sua vida exterior, Blake: levante-se uma hora mais cedo e passe sessenta minutos dedicado ao seu autodesenvolvimento. Será seu ritual matinal de recalibragem, um período regular em que você vai se entregar à preparação e à prática. Assim como os atletas treinam diariamente para vencer em quadra, esse será seu momento particular para se preparar e praticar, a fim de estar em seu melhor absoluto quando entrar na quadra dos negócios e começar a trabalhar. Blake, antes de um jato decolar, os pilotos fazem um ritual. Checam o plano de voo, arrumam os comandos e avaliam o painel de controle. Só então estão prontos para voar. A mesma metáfora se aplica ao Líder Sem Status. Se você quer voar e irradiar seu talento, precisa ter um ritual preparatório matinal. É o momento em que você se restaura, programa seu plano de voo para o dia, religa-se a seus valores essenciais. Renova, regenera e se restabelece. É um período para trabalhar a mente, fortalecer o corpo, nutrir a vida emocional e alimentar a espiritualidade. Essa disciplina diária vai operar milagres em sua carreira e em todas as outras áreas de sua vida. Vai aumentar sua motivação, restaurar o equilíbrio entre vida e trabalho, trazer de volta uma tonelada de entusiasmo e ajudá-lo a ver o mundo com olhos de espanto novamente. Lembre-se de que, quando se sente ótimo e sua vida interior está em seu melhor estado, tudo o que você toca é influenciado por essa atitude de maestria pessoal.

Em seguida, Jet me levou a uma de suas salas de tratamento. Tommy nos seguiu.

— Blake, você terá um tratamento e tanto — disse Tommy, sorrindo.

— Já recebeu massagem alguma vez, Blake? — perguntou Jet, esticando um lençol sobre a maca.

— Nunca — respondi, não sabendo ao certo o que experienciaria.

— Então me permita lhe fazer uma massagem. Sei que está sendo um dia intenso para você, por isso uma boa massagem o deixará bastante relaxado.

— Certo — retruquei, enquanto me deitava na maca. Jet começou a massagear meu pescoço e minhas costas. O estresse que vinha carregando havia anos parecia imediatamente se dissolver. Tommy tinha razão. Jet tem mãos mágicas.

— Durante sua hora de liderança pessoal todas as manhãs, há sete práticas que lhe sugiro, Blake. Não precisa realizar todas, todos os dias. Na verdade, praticar todos esses sete hábitos de desempenho excelente de uma vez será quase impossível. Mas quero passá-los a você porque são a base do que chamo de caixa de ferramentas da liderança pessoal. Essas sete práticas, os sete fundamentos, são as ferramentas mais poderosas para qualquer pessoa que leve a sério o ato de despertar seu líder interior e trabalhar de maneira excelente. Engajando-se sistematicamente nelas durante seu treino matinal, você terá resultados extraordinários na livraria, bem como em todas as outras dimensões de sua vida. Em contrapartida, se regularmente negligenciar um fundamento que seja, a mediocridade vai começar a se manifestar, e um inimigo chamado "medianidade" será seu companheiro constante.

Jet começou a esfregar minhas costas com mais força.

— Você tem um monte de nós aqui, Blake. Recomendo que agende massagens com mais frequência. Sua saúde e seus níveis de energia vão melhorar muito. E você se sentirá muito mais feliz.

— Dou o maior apoio — ofereceu Tommy, entusiasmado, enquanto se recostava na parede e brincava com os cabelos, olhando de vez em quando para o relógio com a estampa do Bob Esponja.

O LÍDER SEM STATUS

— Quando a qualidade de seu trabalho for inferior ao nível de alto padrão, pode ter certeza de que isso se deve ao não cumprimento de um dos sete fundamentos — continuou Jet.

— Quais são, então, as sete melhores práticas que preciso adotar? — perguntei, ainda relaxado na maca.

— Tome — disse Jet. — Estão neste cartão. Leve-o com você. E todas as manhãs, durante a hora de desenvolver a liderança pessoal, escolha algumas das práticas da lista. A propósito, sugiro *fortemente* que você comece às cinco da manhã, todos os dias. Como disse antes, você vai levar mais ou menos quarenta dias para adquirir esse novo hábito. Nesse período, vai sentir um pouco de estresse, ficar irritado e cansado. Vai inventar desculpas do tipo "Isso não é saudável" ou "Não nasci para acordar cedo" — disse ele, rindo. — Mas lembre-se de que não há nada errado, é apenas uma parte necessária do processo de crescer e adquirir um novo hábito. Depois de quarenta dias, levantar-se às cinco da manhã para realizar seu trabalho interior e se tornar uma pessoa mais poderosa será perfeitamente natural.

— Cinco da manhã? — perguntei, mal podendo acreditar. — Isso me lembra um pouco o treinamento básico no Exército.

— É um treinamento básico, Blake. Treinamento básico para desenvolver sua melhor liderança. — Foi a breve resposta dele.

Olhei o cartão quando Jet acendeu as luzes na sala de massagem.

Os sete fundamentos da liderança pessoal

1. *Aprendizado.* Leia livros que o inspirem, fortaleçam seu caráter e o lembrem dos exemplos dos maiores líderes do mundo. Além disso, ouça audiolivros sobre temas que vão desde excelência

nos negócios, formação de equipes e inovação até bem-estar, relacionamento e motivação pessoal.

2. *Afirmações.* Uma das melhores maneiras de reescrever crenças limitadas e programas de fracasso em sua mente é por meio da repetição constante de afirmações positivas sobre o que se quer tornar e as realizações que se pretende alcançar. Por exemplo, recite várias vezes no começo do dia a seguinte afirmação: "Hoje estou focado, excelente e incrivelmente entusiasmado com tudo que faço." Isso vai criar uma disposição e um estado emocional de campeão em você.

3. *Visualização.* A mente funciona por meio de imagens. Toda grande realização, desde o mais alto arranha-céu da cidade até as invenções mais deslumbrantes de gênios como Thomas Edison e Benjamin Franklin, começa com uma série de imagens na mente de seus criadores. Todas as circunstâncias exteriores começam na mente. Todo progresso nada mais é que criatividade invisível transformada em visível. Portanto, durante sua hora de liderança pessoal, dedique-se algum tempo para fechar os olhos e, como qualquer bom atleta de elite, visualize-se alcançando suas metas, jogando seu melhor jogo e despertando plenamente seu líder interior.

4. *Anotações em um diário.* Escrever um diário é uma maneira bastante forte de se tornar um pensador mais consciente, construir um enorme autoconhecimento e registrar os resultados pretendidos. Em sua hora de desenvolvimento pessoal, anote insights, sentimentos, esperanças e sonhos. Escreva também qualquer frustração que talvez esteja experimentando e entre a fundo em seus medos. Os medos que você reconhece são aqueles dos quais vai se livrar. Conheça realmente a si mesmo e se conecte novamente com todo o talento dentro de você que

O LÍDER SEM STATUS

está esperando para ser liberado. O diário também serve para você expressar gratidão por tudo o que tem e comemorar sua jornada pela vida. Sua vida é uma dádiva. Por isso, vale a pena registrá-la.

5. *Definição de metas.* Definir e depois se reconectar com suas metas regularmente é uma disciplina poderosa para o sucesso. Suas metas criarão um tremendo foco em sua carreira e em sua vida. As metas criam esperança e energia positiva. E quando você experimenta a adversidade — e todos nós passamos por isso de vez em quando —, metas nitidamente articuladas funcionam como uma estrela-guia para orientá-lo a sair dos mares revoltos e encontrar águas mais calmas. As metas também lhe permitem viver a vida de maneira deliberada e produtiva, em vez de vivê-la de maneira reativa e acidental. Evite aquele coma ambulante do qual lhe falei.

6. *Exercícios.* Falarei mais da importância de movimentar o corpo diariamente para alcançar um excelente desempenho no trabalho. Por ora, lembre-se apenas de que uma atividade física diária aumenta a função cerebral, gera níveis de energia muito mais altos, ajuda a administrar o estresse com mais eficácia e mantém você no jogo por mais tempo.

7. *Nutrição.* Aquilo que você come determina o nível de seu desempenho. A liderança é influenciada por sua dieta. Se comer como um vencedor, sua energia vai permanecer no auge e sua disposição, positiva. Lembre-se também de que se você comer menos, realizará um trabalho melhor.

— São sugestões realmente excelentes, Jet — disse eu, totalmente inteirado, enquanto nós três caminhávamos de volta à estilosa sala de espera. A massagem me fizera um bem incrível. E os sete fundamentos da liderança pessoal de Jet eram extremamente práticos. Agora eu tinha uma série de disciplinas que podia escolher e praticar durante minha hora de liderança pessoal, para alcançar um excelente desempenho no restante do dia. Também me comprometi a acordar às cinco da manhã todos os dias. Sentia que só esse hábito em si já traria resultados maravilhosos em termos de autoconfiança, em minha habilidade de controlar meu dia e em meu nível geral de bem-estar. Disse a Jet que estava disposto a acordar cedo diariamente. Ele ficou maravilhado.

— Dê a si mesmo um dos melhores presentes que um Líder Sem Status pode se dar. A bênção de levantar todo dia às cinco da manhã. Muitos dos líderes mais produtivos do mundo têm esse hábito, Blake. O modo como você começa o dia determina como vai passar o *restante* dele. E aquilo que você faz em sua primeira hora o coloca no caminho do sucesso ou do fracasso nas horas seguintes. Passe a primeira hora de seu dia desenvolvendo suas habilidades de liderança pessoal. Aliás, também é vital lembrar que seu primeiro pensamento ao acordar e o último antes de dormir têm grande influência sobre tudo o que acontece entre um e outro — observou Jet.

— Realmente fascinante — repliquei. — Tudo isso é muito útil. E sua sugestão de organizar minha vida emocional também faz muito sentido. Ando zangado e infeliz há muito tempo. O que, especificamente, pode nutrir minha vida emocional?

— Uma das primeiras coisas que você pode fazer, Blake, é aprender a perdoar os que precisam ser perdoados. Muitas pessoas chegam com tanta energia negativa ao local de trabalho toda manhã porque estão cheias de ressentimento e raiva por mágoas antigas e traições. A autoliderança requer que você abandone esses ressentimentos. Aprenda a perdoar as pessoas que precisa perdoar e a esquecer coisas que aconteceram no passado e podem

O LÍDER SEM STATUS

estar consumindo seu precioso potencial criativo. Você *não* pode gerar um futuro soberbo se ficar *estagnado* no passado. Porque as decepções às quais se apega tolhem seu poder. Ao se libertar delas, você libera uma tonelada de energia, paixão e potencial — explicou Jet, enquanto tomava um gole de água de uma garrafa com um limão dentro.

— E como posso me libertar do passado e acionar minha melhor liderança? — indaguei.

— Começa com uma simples decisão, Blake. Acho muito estimulante o fato de que a única coisa que o separa da transformação total é uma decisão. Decida, neste momento, que vai perdoar todas as pessoas que o decepcionaram e esqueça todas as experiências que o desencorajaram. Quando estiver honestamente disposto a perdoar, vai dar início ao processo de limpeza. Lembre-se também de que as pessoas que o magoaram estavam dando o melhor de si no ponto em que estavam na jornada de vida delas. Se soubessem como se comportar melhor, o teriam feito. E, por fim, entenda que só pessoas magoadas magoam os outros.

— Só pessoas magoadas magoam os outros?

— Óbvio. Pessoas perfeitamente saudáveis, aquelas que vivem uma vida interior extraordinária, não são capazes de ferir os outros. São tão cheias de amor-próprio, crença positiva, inspiração, disposição em ver o melhor nos outros e de um profundo desejo de ser boas em tudo o que fazem, que simplesmente são incapazes de derrubar outro ser humano. A capacidade de fazer mal a alguém já não faz parte da constituição delas, não lhes é própria. Só as pessoas feridas com certo grau de severidade saem ferindo as que estão ao redor.

— Profundo — observei com sinceridade. Fiz uma pausa. — E você falou sobre passar algum tempo todos os dias, em minha hora de liderança pessoal, aprimorando minha vida espiritual. Como?

ROBIN SHARMA

— Recomendo fortemente que você enumere suas bênçãos todas as manhãs, Blake. Gratidão é o *antídoto* para o medo. Preocupação e reconhecimento não podem viver sob o mesmo teto. E as coisas que reconhece começam a ser reconhecidas em você. O que estou dizendo é que, se passar cinco minutos daquela primeira hora de seu dia celebrando todas as coisas boas em sua vida, você entrará em um profundo estado de felicidade. E por mais que isso possa parecer piegas, pessoas felizes *realmente* se tornam líderes felizes. E líderes felizes não só fazem um trabalho melhor, como também são uma ótima companhia.

— Muito útil, Jet.

— Ótimo. Então, deixe-me falar do H em SHINE. Está ficando tarde e preciso voltar logo ao trabalho. Foi realmente um prazer conhecê-lo, Blake, mas não quero me esquecer de meus clientes. Eles contam comigo.

— Sem problemas — retruquei. — Compreendo perfeitamente.

— O H serve como um lembrete de que hábito saudável é fundamental. Mencionei a importância do exercício físico e da manutenção da força física. Hábitos que promovam uma ótima saúde funcionam como uma alavanca que impulsiona *tudo* em sua vida para cima. Tenha a melhor saúde possível, e todas as outras áreas, desde sua habilidade para pensar com discernimentos em tempos estressantes até seus níveis de desempenho e disposição, acompanharão. A saúde é uma daquelas coisas que subestimamos, até que as perdemos. E aqueles que a perdem gastam o tempo todo tentando recuperá-la, todos os dias da vida. Se você perder a saúde, e rezo para que isso nunca aconteça, nada mais lhe será tão importante quanto tentar recuperá-la. Isso me faz pensar em um antigo provérbio: "Quando somos jovens, sacrificamos nossa saúde pelo dinheiro. Quando ficamos

O LÍDER SEM STATUS

velhos e sábios, estamos dispostos a sacrificar todo o nosso dinheiro por ao menos um dia de boa saúde." E se você não acredita em mim quanto a isso, Blake, quando acabarmos e você estiver a caminho de casa, pare em um hospital. Vá até a ala dos pacientes terminais, onde as pessoas jazem em leito de morte. Pergunte a qualquer uma delas o que não dariam para ter pelo menos um dia de excelente saúde. Tenho certeza de que dariam tudo o que possuem. Se você perde a saúde, perde tudo. Não deixe que isso aconteça com você.

Fiquei em silêncio. Desde que retornara da guerra, não vinha me preocupando com hábitos saudáveis ou com minha saúde. Havia parado de me exercitar. Comia apenas bobagens, e não alimentos nutritivos. Ocorreu-me, diante daquele mestre massoterapeuta, que se começasse a levar minha saúde mais a sério e recobrasse uma condição física excelente, quase *todas* as outras áreas da minha vida melhorariam muito. Teria mais energia no trabalho e me sentiria mais positivo a respeito das coisas em geral. Provavelmente seria muito mais criativo e com certeza sentiria maior paixão por tudo. Teria um pique maior e enfrentaria melhor todas as mudanças pelas quais nossa organização passava. Em casa, não precisaria me estatelar tanto no sofá. Começaria a desenvolver novas habilidades e a fazer mais coisas agradáveis. Eu me sentiria melhor comigo mesmo, e a vida seria muito mais uma aventura.

— A saúde é a coroa na cabeça do homem saudável que apenas o homem doente enxerga — acrescentou Jet, enfático. — Por favor, não me diga que não tem tempo para se exercitar todos os dias. Quem não tem tempo para o exercício diário encontra tempo para a doença diária, saiba disso.

O conselho de Jet era simples porém muito importante. Levei-o totalmente a sério.

— Ah, e por favor lembre-se de que sua saúde *nunca* será melhor que sua autoimagem. Quando você de fato acreditar em seu poder natural de liderança e em como é fantástico, seus hábitos ligados à saúde vão melhorar de forma acentuada. Mas tudo começa dentro de você — arrematou.

— Faz sentido. Se eu não me respeitar, não poderei me cuidar.

— Exatamente — concordou, feliz por meu comentário.

— A letra I em SHINE significa inspiração — disse Tommy.

— Sim — disse Jet. — Um dia em que você não se sinta inspirado é um dia que não será bem vivido. Você precisa reabastecer seu polo de inspiração diariamente, porque os desafios da vida o sugam todos os dias. Como pode inspirar seus colegas de trabalho e energizar seus clientes de modo que comprem com você, se não estiver inspirado e energizado? Faça sempre o necessário para ser a pessoa mais inspirada do ambiente.

— Gostei muito disso, Jet. Sugestões práticas, por favor?

— Ouvir música é um dos melhores meios que conheço para alcançar alto nível de inspiração. Estar em contato com pessoas interessantes, que adoram ser incríveis, éticas e originais, também nutre sua paixão e o incita a dar o melhor de sua liderança. Estar em harmonia com a natureza é outra forma efetiva de manter aceso seu fogo criativo e deixá-lo sempre animado para realizar coisas grandiosas no trabalho. Sempre que posso, viajo para o interior. Caminhar sozinho pela mata é como uma cura milagrosa para o estresse da cidade. E saio de lá me sentindo verdadeiramente vivo de novo. A visão da maioria das pessoas é que estar em contato com a natureza e fazer coisas que renovem as reservas drenadas de criatividade e energia é pura perda de tempo. E que, se não estiver ocupado com alguma coisa, você não está fazendo nada. Entretanto, reabastecer

O LÍDER SEM STATUS

a mente, o corpo, as emoções e o espírito permite, na verdade, que você se torne mais resiliente diante da turbulência dos negócios. Se você apenas trabalhar o tempo todo, seus reservatórios de potencial vão secar e logo você estará esgotado. Os grandes realizadores compreendem a necessidade de constantemente alternar entre o desempenho excelente e a renovação interior. E quando seu líder interior estiver reabastecido e inspirado, você vai retornar ao trabalho ainda mais forte, criativo e muito mais alegre. As atividades que o estou encorajando a fazer servem para despertar novamente seu líder interior. Elas reacendem a paixão e abrem quaisquer portas fechadas para o nosso melhor absoluto.

— E quanto ao N em SHINE? — perguntei.

— Nunca negligencie sua família. Seus entes queridos são importantes. De que adianta você ser superbem-sucedido, como percebo que logo será, e terminar completamente sozinho? Muitos daqueles bilionários que mencionei quando vocês chegaram passam boa parte do tempo sozinhos em suas mansões espetaculares. Para que serve isso? Há uma alegria gigantesca em cultivar lindos relacionamentos com amigos e familiares. No fim das contas, Blake, você não precisa de muita coisa para ser feliz: um trabalho do qual se orgulha, comida na mesa todas as noites, uma saúde maravilhosa e pessoas que ama. Uma base sólida em casa o prepara para resultados firmes e sólidos no trabalho. Sentir-se amado e respeitado por sua família é um acelerador poderoso para sua liderança e sucesso pessoal. O que me leva à letra E — comentou Jet. — O E da sigla é um lembrete da quinta regra de liderança pessoal: eleve seu estilo de vida. Estilo de vida não é algo de que se fale com frequência, mas é muito importante para uma vida bem vivida. Faça todos os dias alguma coisa que aprimore seu estilo de vida. Como sugeri antes, viaje pela vida na primeira classe. Só se vive uma vez, então por que não aproveitar a vida completamente?

— Mas você disse que possuir muitas coisas não tem exatamente relação com liderança, Jet!

— Não é a prioridade para os Líderes Sem Status, Blake. Mas lembre-se de uma coisa: é perfeitamente humano e natural querer possuir coisas boas. Por que se sentir culpado se as tiver? Torne-se espetacularmente bom em seu trabalho, desperte seu líder interior e expresse seu melhor absoluto, mas aproveite a vida enquanto faz tudo isso. A verdadeira chave é conseguir as coisas que quer e não deixar que elas o dominem. E isso nos leva à última questão de nossa conversa.

A expressão de Jet ficou séria. Ele baixou os olhos por um momento. Tommy se levantou e caminhou até nós.

— É bom ter coisas boas. Um belo estilo de vida é algo muito bonito de se viver. Mas o ser humano que você vai se tornar é uma preocupação muito mais importante. O principal objetivo da vida é simplesmente se tornar tudo o que você nasceu para ser. Na verdade, mais importante ainda que o ser humano que vamos nos tornar é o foco na diferença que vamos fazer como líderes. A contribuição é o propósito final do trabalho e da vida.

— Preciso saber mais sobre isso, Jet — observei, notando que ele estava resumindo a essência da filosofia do Líder Sem Status.

— O sucesso não tem a ver com o que você *recebe*, Blake. O sucesso tem *tudo* a ver com o que você *dá de volta*. Como eu disse, até mesmo a vida mais longa é uma jornada curta no esquema geral da existência e de tudo o que existe. Tolstói escreveu um ensaio maravilhoso chamado "De quanta terra precisa um homem?". A moral da história é que, no fim, todas as coisas que passamos a maior parte

O LÍDER SEM STATUS

da vida procurando não são tão importantes assim. Tudo o que precisamos quando nossa vida acaba é de sete palmos de terra. O que conta mesmo é o que deixamos para trás. Encorajo-o, com isso, a pensar em seu legado. Estou convidando-o a pensar em como deseja ser lembrado quando não estiver mais aqui. "O grande e glorioso legado de um ser humano é viver com propósito", observou o filósofo Montaigne. Será uma profunda perda para o mundo se você não aceitar o chamado de sua vida para Liderar Sem Status e conceder seu melhor absoluto à vida das pessoas à sua volta. Os Líderes Sem Status pensam no próprio legado todos os dias. Pensam em como desejam ser lembrados quando não estiverem mais vivos. Refletem sobre as realizações que desejam alcançar para deixar uma marca para as gerações que virão. Levam em consideração o tipo de pessoa que devem se tornar para que a vida deles seja excelente, significativa e poderosa. Acerte essas coisas e você vai deixar um legado glorioso ao partir. E depois, quando não estiver mais aqui, as pessoas entrarão na livraria, verão a placa com seu nome na parede ao lado da seção em que você trabalhava e dirão: "Aqui trabalhou um Líder Sem Status que deu o melhor que tinha para dar."

Senti a emoção crescer em mim.

— Por isso, lembre-se, Blake, de que o dia de hoje, e todos os outros até o seu último, nada mais são que uma plataforma para uma possibilidade heroica. A verdadeira questão é se você terá a coragem de usar essa oportunidade para fazer brilhar sua forma especial de grandeza neste incerto mundo de negócios em que trabalhamos. E, quando fizer isso, vai enriquecer a vida de seus colegas de equipe, de seus clientes e das pessoas que ama. E vai esculpir um monumento humano de conquistas apaixonantes que todos os que vierem depois de você vão admirar. E serão por elas inspiradas.

O silêncio preencheu o espaço em que nos encontrávamos. Tommy não se mexeu, nem Jet. Achei que lágrimas começariam a rolar dos olhos de ambos. Não tinha certeza do que deveria fazer naquele momento. De repente, em um lapso dramático, Tommy ergueu um braço e deu um tapa nas costas de Jet.

— Meu amigo, você é intenso demais. Saia disso agora, irmão — riu.

Jet começou a rir também.

— Eu sei. Eu sei.

Dali a pouco, nós três estávamos rindo deliciosamente. Foi um momento fantástico, que jamais esquecerei. De repente, algo inesperado aconteceu. Tommy começou a tossir de novo. O ataque começou devagar e logo ficou mais violento. Ele começou a expelir sangue e passou a tremer violentamente. Corri até ele, Jet também, e tentamos ajudá-lo como podíamos.

— Chegou a minha hora. — Foi só o que conseguiu sussurrar. — É a minha hora.

A QUARTA CONVERSA SOBRE LIDERANÇA DA FILOSOFIA DO LÍDER SEM STATUS

Para ser um grande líder, seja primeiro uma grande pessoa

AS CINCO REGRAS

Saber enxergar
Hábito saudável
Inspiração
Nunca negligencie sua família
Eleve seu estilo de vida

PASSO PARA A AÇÃO IMEDIATA

Em seu diário, liste cinco coisas que fará imediatamente para reabastecer seu líder interior e elevar sua mente, seu corpo, suas emoções e seu espírito ao próximo nível de excelência. Em seguida, programe o tempo para executar impecavelmente essas cinco metas durante os próximos sete dias, fazendo com que o poder do impulso funcione em seu favor.

CITAÇÃO DE LIDERANÇA PARA RECORDAR

Se um indivíduo avançar confiante na direção de
seus sonhos e esforços para viver a vida que imaginou,
alcançará um sucesso inesperado.
— *Henry David Thoreau*

Conclusão

Após o dia inesquecível em que a filosofia do Líder Sem Status me foi revelada, nunca mais vi meu mentor, Tommy. Eu sinceramente esperava encontrá-lo na livraria na segunda-feira de manhã. E achava que trabalharíamos juntos por muitos anos, enquanto eu incorporava todas as poderosas lições de liderança que aprendi para criar resultados extraordinários em todas as minhas atividades. Meu desejo, contudo, não se concretizou.

No dia seguinte ao encontro com os quatro professores especiais, tive a devastadora notícia de que Tommy havia falecido. Ele vinha lutando contra um câncer, mas não falava sobre a doença. Anna disse que ele não queria preocupar ninguém e que precisava viver os últimos dias de vida ajudando os outros e difundindo a mensagem do Líder Sem Status que, anos antes, havia transformado sua vida.

— Ele aguentou até proporcionar a você esse dia especial — revelou ela, consumida pela emoção. — Foi o presente final que ele lhe deu.

Na cerimônia fúnebre, Anna, Ty, Jackson e Jet disseram algumas palavras sobre Tommy e todas as coisas boas que fez. Descobri que, quando criança, Tommy fora pobre. Que fora casado por quarenta anos com sua namorada de infância, até ela falecer, alguns anos atrás. Que adorava todo tipo de chocolate. E que deixara todas as suas economias para uma instituição de caridade infantil. Havia tanta gente na cerimônia fúnebre dele que centenas de pessoas tiveram que ficar do lado de fora, na rua. E ficaram. Pois todos respeitavam aquele simples vendedor de livros que era um Líder Sem Status e sempre ofertava seu melhor absoluto.

Depois Anna, ainda chorando, entregou-me um pacote. Ty, Jackson e Jet estavam ao lado dela. Os olhos deles também estavam cheios de lágrimas, e a expressão de cada um revelava profunda tristeza.

— Pegue isso, Blake, é para você. Tommy pediu que eu lhe entregasse. Ele realmente o admirava muito, sabia? Respeitava profundamente o que você fez por nosso país e o que fez por si mesmo, aceitando o convite dele para realizar a mudança de vítima para líder, naquele dia que passamos juntos. Para ser sincera, Blake, acho que você foi o filho que ele nunca teve — disse ela, enxugando as lágrimas e ajustando a linda flor que trazia nos cabelos. — Enfim, mantenha contato conosco. Os meninos e eu estaremos sempre por perto para recebê-lo, sempre que precisar. Qualquer hora, dia ou noite. Você é um de nós agora. E, embora tenhamos perdido um amigo, sentimos que ganhamos outro.

Ela me deu um abraço e se afastou. Ty, Jackson e Jet fizeram o mesmo.

— Ah, continue sendo um Líder Sem Status e divulgando a filosofia que descobriu a todas as pessoas que conhecer. Cada um de nós pode fazer uma profunda diferença em todos os tipos de organização neste mundo incrível, se aceitarmos o chamado da vida para despertar nosso líder interior e melhorar tudo com nosso toque — encorajou Anna. — Espero revê-lo em breve, Blake.

— Com certeza, nós o veremos logo — disseram delicadamente os outros três professores.

— E, por favor, lembre-se de que você nasceu *fantástico* — acrescentou Jet.

O LÍDER SEM STATUS

Meus quatro novos amigos deixaram a igreja.

Encontrei um lugar para me sentar, enquanto ouvia o som do órgão, e abri lentamente o pacote. Em seguida, li com cuidado a carta que estava ali. A luz do sol entrava pelos vitrais e o ar fresco que vinha de fora penetrava suavemente o recinto. A letra cursiva no papel era torta, mas pude ler nitidamente as palavras. E senti o poder delas. Esta era a mensagem da carta:

Caro Blake, o Grande,

Em primeiro lugar, perdoe-me por não lhe contar detalhes de minha doença. Não queria que minha condição pessoal atrapalhasse a dádiva do aprendizado que você tanto merecia e a transformação que estava pronto para receber. Aprendi a encontrar uma sensação de paz diante de meu desafio, e compreendi que ele me trazia muitas oportunidades. Óbvio, ninguém gosta de ficar doente. Contudo, graças à minha condição, me tornei mais forte, profundo e muito mais sábio. E minha esperança é que parte dessas coisas boas que descobri como ser humano tenha sido passada a você.

Seus pais eram boas pessoas e criaram um bom rapaz. Sei disso agora. Eu o honro por tudo o que doou no passado e por tudo o que ainda doará no futuro. Foi uma verdadeira alegria finalmente conhecê-lo na nossa livraria, naquela manhã maravilhosa. Desculpe pelo lenço com estampas do Mickey. Minha esposa o deu a mim em nosso primeiro aniversário de casamento. Estávamos na Disneylândia. Ele sempre faz com que eu me lembre dela. O relógio com a estampa do Bob Esponja fui eu mesmo que comprei.

Minha mais profunda esperança é que, em vez de deixá-lo triste por minha partida, esta carta o deixe cheio de inspiração, foco e convicção em seu recém-descoberto compromisso de ser um Líder Sem Status. Você já está magnificamente preparado para libertar de uma vez por todas seu líder interior e deixá-lo ver a luz do sol. Você agora está perfeitamente apto a expressar seu melhor absoluto em cada coisa que fizer, diante de qualquer desafio. E, sem dúvida, está na posição ideal de servir como extraordinário exemplo de possibilidade e excelência a qualquer pessoa que tenha a felicidade de cruzar seu caminho. Sei que fará isso, pois assim me prometeu. E tanto eu quanto seu pai dávamos enorme importância à arte perdida de cumprir promessas.

Os negócios se perderam no caminho, Blake. E, a meus velhos olhos, a sociedade se tornou um lugar bagunçado para se viver. As pessoas valorizam mais o que têm do que seus relacionamentos. Parece que estamos mais interessados em massagear nosso ego do que na busca muito mais nobre de nossos ideais. Muitas pessoas culpam forças externas pela resistência à maestria que deveriam alcançar, em vez de culpar os medos interiores e as crenças frágeis. E, infelizmente, se tornou mais popular ser popular que ser ético, corajoso e bondoso. O que estou dizendo é que nos esquecemos da responsabilidade pela liderança que outrora nossa cultura conhecia. Negligenciamos o que significa enxergar algo maior que nossa vida. E erramos em nossas prioridades, dando mais enfoque a nos ajudar a vencer do que a ajudar apaixonadamente todos à nossa volta a vencer também. Conto com você para lembrar as pessoas de que elas nasceram gênios. E que as mentiras que venderam a si mesmas, acerca da incapacidade de fazer as coisas ou de se tornar alguém, são apenas isto: mentiras. Muitas pessoas serão ajudadas conforme você compartilhar o método de liderança que lhe foi revelado. Muitos outros seres humanos *precisam* descobrir a filosofia do Líder Sem Status, Blake. E o momento para que isso aconteça é agora.

Foi uma verdadeira honra tê-lo em minha vida. Espero ter ajudado você e cumprido a promessa que fiz a seu maravilhoso pai muitos anos atrás. Sempre acreditei que, se fizesse a vida de pelo menos uma pessoa um pouco melhor, então minha vida teria sido um exercício valioso. Obrigado por essa oportunidade.

Eu lhe desejo tudo de melhor, meu jovem amigo. Tenha sonhos corajosos e viva maravilhosamente. E, até seu último suspiro, seja um Líder Sem Status.

Com muito afeto,

Tommy

P.S.: A partir de hoje, o Porsche é seu! Vá se divertir um pouco!

No pacote, havia um molho de chaves. Imediatamente compreendi o que Tommy, num gesto final de bondade e incentivo, fizera. Dera-me o carro dele, e assim realizara um de meus sonhos! Eu estava mais do que comovido.

Acho que jamais poderei retribuir o que Tommy e os quatro professores fizeram por mim. Minha carreira decolou e atingiu um sucesso estonteante, e minha vida se transformou em mais do que eu poderia ter desejado em meus sonhos mais vívidos. Ainda sinto falta dele. No entanto, sinto que celebrei a vida de Tommy partilhando com os leitores tudo o que expus aqui.

Cumpri a promessa que fiz a ele no dia em que nos conhecemos, quando concordei em divulgar a extraordinária filosofia do Líder Sem Status para o maior número possível de pessoas. Escrevi este livro para transformar em palavras e oferecer a você, leitor, os mesmos ensinamentos que Tommy e os quatro professores especiais tão generosamente me passaram no dia em que estivemos juntos. Em troca, só peço a você que fale com tantas pessoas quanto for possível a respeito dessa mensagem poderosa. Com isso, você estará fazendo sua parte inspirando pessoas, formando organizações mais sólidas e criando um mundo melhor. E, quando seu fim chegar, você vai saber que deu o que tem de melhor, com seu poder natural e inato de liderança, e elevou a vida de muitas pessoas no processo. Assim, o último dia de sua vida será o *melhor* de todos. A antropóloga cultural Margaret Mead certa vez disse: "Nunca duvide de que um pequeno grupo de cidadãos conscientes e comprometidos possa mudar o mundo. Na verdade, é só isso que o tem mudado." Palavras de verdade.

Canais de recursos para ajudá-lo a ser um Líder Sem Status

Terminada a leitura de *O Líder Sem Status*, você precisa fazer uma escolha crucial: começar a incorporar a filosofia do Líder Sem Status à sua vida ou não fazer nada e não experimentar nenhuma transformação. Para ajudá-lo a ver resultados reais e duradouros, encorajamos você a aproveitar os recursos abaixo nas próximas 24 horas:

Site

Uma ampla gama de recursos para liderança organizacional e pessoal está disponível no site www.robinsharma.com, entre eles, materiais audiovisuais, podcasts, artigos e o blog do Robin Sharma.

Twitter

Siga Robin Sharma no Twitter: www.twitter.com/RobinSharma.

Facebook

Visite Robin Sharma no Facebook para saber mais sobre suas viagens e eventos e para ter acesso à comunidade do autor: www.facebook.com/RobinSharmaOfficial.

Precisamos da sua ajuda

Se você foi inspirado pela filosofia do Líder Sem Status apresentada neste livro e quer ajudar outras pessoas a despertar o líder interior delas, eis algumas iniciativas que você pode tomar imediatamente para fazer uma diferença positiva:

- Dê *O Líder Sem Status* de presente a colegas de trabalho, amigos, familiares e até a estranhos. Eles vão aprender que estão destinados a ser líderes em tudo o que fazem e a levar uma vida maravilhosa.
- Compartilhe sua opinião sobre este livro no Twitter, no Facebook e nos sites que visita. Se você tiver um site ou blog, pode escrever um post ou uma resenha sobre *O Líder Sem Status*.
- Se você é empresário ou ocupa um cargo de gerência ou supervisão — ou até mesmo se não tiver nenhuma dessas ocupações —, você pode investir em exemplares deste livro para que todos os membros de sua equipe possam ser Líderes Sem Status e ter um desempenho excepcional.
- Peça ao jornal, à estação de rádio ou à mídia online de sua região que entreviste o autor sobre como todas as pessoas podem demonstrar liderança no trabalho e na vida e, ao fazer isso, melhorar o mundo em que vivemos.

Construa uma organização de Líderes Sem Status

- Ajude cada membro da sua organização a ser um Líder Sem Status, para que todos possam ser bem-sucedidos em tempos de crise. *O Líder Sem Status* está disponível para vendas especiais a empresas, universidades, escolas, órgãos governamentais, organizações sem fins lucrativos e comunidades. É o presente ideal para inspirar as pessoas a desenvolver a liderança e a lidar bem com mudanças.
- Para agendar uma apresentação sobre a filosofia do Líder Sem Status com Robin Sharma ou um de seus instrutores certificados, por favor entre em contato com Sharma Leadership Informational Inc., por meio do site www.robinsharma.com.

Este livro foi composto na tipografia Minion Pro,
em corpo 12/17, e impresso em
papel off-white no Sistema Cameron da
Divisão Gráfica da Distribuidora Record.